Das Schulrecht

Was Eltern und Schüler heute wissen sollten
– und wo sie Hilfe finden

Birgit Schröder

λογος

Bibliografische Information Der Deutschen Bibliothek

Die Deutsche Bibliothek verzeichnet diese Publikation in der Deutschen
Nationalbibliografie; detaillierte bibliografische Daten sind im Internet über
http://dnb.ddb.de abrufbar.

Zweite überarbeitete Auflage

©Copyright Logos Verlag Berlin 2004, 2005
Alle Rechte vorbehalten.

ISBN 3-8325-0555-5

Logos Verlag Berlin
Comeniushof, Gubener Str. 47,
10243 Berlin
Tel.: +49 030 42 85 10 90
Fax: +49 030 42 85 10 92
INTERNET: http://www.logos-verlag.de

Vorwort (1. Auflage)

Dieses ist die richtige Stelle, allen zu danken, die die Entstehung dieses Buches möglich gemacht haben, ganz besonders Frau Mara Kaemmel, Frau Sigrun Schröder und Herrn Michael Jürgens.

Es ist das Ergebnis meiner jahrelangen Arbeit mit Eltern und Schülern; ihre Sorgen und Nöte, mit denen ich inzwischen bestens vertraut bin, haben mich bewogen, dieses Werk zu verfassen. Möge es alle Beteiligten zu einer fruchtbaren Diskussion animieren.

Diese Abhandlung will versuchen, die komplexen und teilweise komplizierten Rechtsfragen im Bereich der Schule transparent zu machen, um so in die Lage zu versetzen, sich bei Problemen selbst ein substantielles Urteil zu bilden. Die feste Waffe sind fundierte Informationen – auch und gerade gegenüber Lehrern.

Vorwort (Neuauflage)

Ich freue mich, daß die erste Auflage bereits nach so kurzer Zeit vergriffen ist. Dies zeigt einmal mehr, wie groß der Bedarf an rechtlicher Beratung in diesem Bereich ist und wie stark ausgeprägt das Interesse im Hinblick auf schulrechtliche Fragestellungen ist.

Dieses Buch richtet sich daher vornehmlich an Eltern und Schüler, die Antworten auf Fragen aus diesem Bereich suchen. Es informiert leicht verständlich sowohl über Grundstrukturen als auch über wichtige Einzelfragen.

Diese Neuauflage berücksichtigt in erster Linie die Erfahrungen meiner anwaltlichen Tätigkeit seit der Erstauflage. Daher werden immer wieder Fälle aus der Praxis geschildert. Dabei habe ich solche ausgewählt, die meiner Meinung nach sehr plastisch ein zuvor beschriebenes Problem zeigen.

Die Sorgen und Nöte von Eltern und Schülern zu kennen und ihnen bei der Bewältigung ein Stück weit helfen zu können, macht einen wesentlichen Teil meiner täglichen Arbeit aus. So können in einem solchen Werk auch immer nur die ganz grundsätzlichen Fragestellungen erörtert

werden; individuelle und solche, die bei einer breiten Leserschaft voraussichtlich auf weniger Interesse stoßen, wurden ausgeklammert. Sie zu lösen, muß der anwaltlichen Beratung vorbehalten bleiben.

Mein Dank gilt allen, die ihren Anteil am Entstehen dieser Neuauflage haben, insbesondere auch meinen Mandanten. Die Gespräche mit Ihnen haben mir gezeigt, welchen Schwierigkeiten Eltern begegnen, wenn sie mit Entscheidungen der Rewe Schule nicht weiter konform gehen.

Der Wunsch, Ihnen wertvolle Hilfestellungen in diesem Bereich zu geben, motivierte mich wesentlich.

Der besseren Lesbarkeit halber wurde durchgängig auf die Verwendung der weiblichen Form verzichtet.

Für Wünsche, Anregungen und Kritik stehe ich allen Lesern selbstverständlich gerne zur Verfügung.

Allen, vor allem zukünftigen Lesern, ist viel damit geholfen, wenn mit Anliegen direkt die Autorin kontaktiert wird. Ärgern Sie sich nicht im Stillen über mögliche Fehler oder Unzulänglichkeiten, sondern äußern Sie diese!

Bitte wenden Sie sich an:

Rechtsanwältin

Dr. Birgit Schröder

Alsterarkaden 12

20354 Hamburg

☎ 040 / 40186635

🖶 040 / 40186706

Mobil 0171/3489553

kanzlei@dr-schroeder.com

www.dr-schroeder.com

Hamburg im Frühjahr 2005

Über die Autorin

Frau Dr. Schröder ist selbstständige Rechtsanwältin und Autorin in Hamburg. Sie ist schwerpunktmäßig auf den Gebieten Schul- und Medizinrecht tätig.

Kapitel 1 - Ein Erfahrungsbericht **19**

Kapitel 2 - Die Schule – kein rechtsfreier Raum **21**

Kapitel 3 - Der Schulalltag – Gesetze und Regelungen **25**

Das Grundgesetz *25*

Gesetze der Länder und Verordnungen *30*

Der Aufnahmeanspruch *33*

Das Diskriminierungsverbot *33*

Die Aufsichtspflicht *34*

Haftung *34*

Maßnahmen der Schulorganisation *35*

Fahrt zur Schule *36*

Die pädagogische Freiheit *36*

Gemeinsamer Unterricht von Jungen und Mädchen *36*

Kapitel 4 - Aufbau des Schulsystems **39**

Die Aufgaben der Schule *39*

Die verschiedenen Schularten *40*

Die Wahl der richtigen Schule *41*

Die unterschiedlichen Gremien *44*

Kapitel 5 - Beteiligte am Schulsystem **45**

Der Lehrer *45*

Der Schüler *46*

Die Eltern *48*

Wie Einfluß genommen werden kann *50*

Kapitel 6 - Rechte und Pflichten **53**

Die Schulpflicht *53*

Die Grundrechte des Schülers in der Schule *54*

Die Handlungsfreiheit (Artikel 2 Abs. 1 GG) 55

Die Meinungsfreiheit (Artikel 5 Abs. 1 S. 1 GG) 56

Die Versammlungsfreiheit (Artikel 8 GG) 58

Das Gleichheitsgebot (Artikel 3 GG) 59

Die Glaubens- und Gewissensfreiheit (Artikel 4 Absatz 1, 2 GG) 59

Kapitel 7 - Erziehungs- und Ordnungsmaßnahmen **61**

Der Verhältnismäßigkeitsgrundsatz 62

Leistungsverweigerung 62

Die zwangsweise Beendigung des Schulverhältnisses 63

Freiheitsentziehung (Arrest, Nachsitzen) 64

Ausschluß vom Unterricht 64

Körperliche Strafen 64

Weitere Erziehungs- und Ordnungsmaßnahmen 65

Unzulässige Maßnahmen 65

Ein Beispiel aus der Praxis 66

Prozessuale Fragestellungen 66

Kapitel 8 - Unterrichtsgestaltung **69**

Kapitel 9 - Prüfungsrecht **73**

Ein Beispiel aus der Praxis 80

Kapitel 10 - Mitwirkungsmöglichkeiten **81**

Das Informationsrecht 81

Ein Fall aus der Praxis 82

Elterninitiativen 83

Das Hospitationsrecht 84

Kapitel 11 - Häufige Reibungspunkte **85**

Abiturprüfung 85

Aufnahmekriterien von Schulen 85

Aufsichtspflicht 85

Befreiung vom Sportunterricht 86

Datenschutz 86

Entschuldigungen/Attest 87

Ethikunterricht 87

Fremdsprachen 87

Geschenke an Lehrer 87

Gestaltung Wandertage 88

Handys 88

Hausaufgaben 89

Hitzefrei/Schneefrei 89

Kaugummikauen 90

Klassenarbeiten 90

Klassenbuch 90

Kleidung/Frisur 90

Klingelzeichen 91

Kopftuch 91

Korrektur der Klassenarbeiten 91

Kunstwerke/Bastelarbeiten 92

Legasthenie 92

Lehrer verweigert Herausgabe des Zeugnisses 92

Leistungsbewertungen 93

Leistungsstand 94

Lernmittelfreiheit 94

Mündliche Mitarbeit 95

Nachschreiben von Klassenarbeiten 95

Notengebung 95

Notentransparenz 96

Ozonbelastung/Sportunterricht 96

Parteipolitik 96

Prüfungsfächer Abitur 97

Rauchen in der Schule 97

Rechtschreibreform 97

Religionsunterricht 98

Schülerzeitungen 98

Schulpflicht 98

Schwänzen 99

Schwierigkeiten mit einem Lehrer 99

Sitzordnung 99

Schulleiter 100

Schulsponsoring 100

Schuluniformen 103

Schulveranstaltungen 103

Schulversuche 104

Schwierigkeitsgrad von Klassenarbeiten 104

Strafarbeiten/Extraaufgaben 104

5-Tage Woche 105

Täuschungsversuche 105

Teilnahme an religiösen Veranstaltungen 105

Überprüfung eines Kindes auf sonderpädagogischen Förderbedarf105

Überspringen einer Klasse 106

Unangekündigte Tests 106

Unfallversicherung 106

Unterrichtsbefreiung 107

Urlaub 107

Verbindungs-/Vertrauenslehrer 107

Verlassen des Schulgeländes 107

Verspätungen 108

Weisungsbefugnis des Schulleiters 108

Wochenende/Feiertag 108

Zeugnisnote 108

Zuständige Pflichtschule 108

Zustand des Schulgebäudes 109

Kapitel 12 - Rechtsbehelfe und Rechtmittel **111**

Kapitel 13 - Gespräche mit Lehrern **115**

Kapitel 14 - Probleme mit Lehrern **119**

Kapitel 15 - Der Weg vor Gericht **125**

Allgemeine Fragen des Rechtschutzes im Schulwesen 125

Die Voraussetzungen im groben Überblick: 126

Die Zulässigkeit des Verwaltungsrechtswegs 128

Weitere Prozeßvoraussetzungen 128

Kosten 131

Kapitel 16 - Einstweiliger Rechtsschutz **133**

Kapitel 17 - Nachhilfe **135**

Kapitel 18 - Häufig gestellte Fragen **139**

Amtshaftungsansprüche 139

Anwalt 139

Attest 139

Ausschluß vom Unterricht I 140

Ausschluß vom Unterricht II 140

Beleidigungen 141

Bewertung 141

Beurteilung 141

Beweis 142

Beweisführung 142

Einsicht in Schulakte 143

Dienstaufsichtsbeschwerde 143

Dyskalkulie 143

Gespräche 144

Inhalt Schulakte 144

Klassenarbeit 144

Krankheit 145

Krankheit während einer Klausur 145

Nachsitzen 145

Notenspiegel 146

Ohrfeige 146

Post von der Schule 147

Rechtsschutz gegen Nichtversetzung 147

Sexuelle Belästigung 148

Toiletten 149

Tätlichkeiten von Lehrern 150

Urlaub 151

Versetzung im Ausnahmewege 151

Widerspruchsverfahren 151

Wunschschule 152

Kapitel 19 - Ausblick **153**

Kapitel 20 - Anlauf- und Beratungsstellen **155**

Elternbeiräte 155

Kultusministerien 163

Länderübergreifende Institutionen 167

Bundesländer im Internet 168

Kapitel 21 - Literatur **169**

Textsammlungen (allgemein) 169

Textsammlungen (länderspezifisch) 169

Ratgeber allgemein 171

Ratgeber (länderspezifisch) 171

Kapitel 22 - Stichwortverzeichnis **175**

Kapitel 1 - Ein Erfahrungsbericht

Das Schulrecht ist kein theoretisches Feld; es geht nicht um Rechtsfragen, deren Klärung in erster Linie von wissenschaftlichem Interesse ist. Es geht um die Praxis: So kommen Eltern und Schüler, die sich fragen, ob die Schule alles durfte was sie tat. Es kommen Menschen, deren Leben durch eine Entscheidung der Schulbehörde eine neue, unerwünschte Wendung zu nehmen droht. Es kommen Lehrer, die sich Vorwürfen von Kollegen oder Vorgesetzten ausgesetzt sehen. Und es kommen Menschen, die sich fragen, warum „niemand vorher etwas gesagt hat".

Der Kontakt mit allen Beteiligten zeigt mir, welches große Defizit an deutschen Schulen herrscht: die Kommunikation mit den Betroffenen. Nichts fällt einem Menschen schwerer als eine Entscheidung zu akzeptieren, die er nicht versteht, die ihm nicht vermittelt wird.

Nichts ist schlimmer, als vor vollendete Tatsachen gestellt zu werden und vieles leichter zu ertragen, wenn man weiß „warum".

In vielen Gesprächen, auch an Schulen, wird immer wieder deutlich, daß eines der großen Probleme die Verständigung untereinander ist. Dabei geht es in erster Linie nicht um mangelnde Sprachkenntnisse. Es geht vielmehr darum, daß sich gerade Eltern weder ernst genommen noch verstanden fühlen und Lehrer gerne aus eigener Machtvollkommenheit entscheiden.

Es ist schade, daß in vielen Schulen Kritik von Eltern immer noch als Majestätsbeleidigung aufgefasst wird. Dieses zu ändern und Kritik vielmehr auch als Anlass für die kritische Reflektion zu nutzen, wäre mit Sicherheit ein sinnvoller Ansatz.

Aus der durch das Ministerium für Wissenschaft, Bildung pp. des Landes Schleswig-Holstein herausgegebenen Broschüre „Zusammenarbeit von Eltern und Schulen in Schleswig-Holstein" sei an dieser Stelle ein eindrucksvolles Zitat erlaubt:

„Gute Schulen zeichnen sich insbesondere dadurch aus, daß Schülerinnen und Schüler, Lehrkräfte, Schulleitungen und Eltern offen und konstruktiv miteinander umgehen."

Viele Eltern erleben allerdings im Alltag, daß dies in der Regel nicht der Fall ist, daß es offensichtlich einen großen Unterschied zwischen Theorie und Praxis gibt, und daß all dies nicht mehr als gut gemeinte Absichtserklärungen sind, die in den Schulen leider viel zu wenig umgesetzt werden.

Der Anwaltsberuf bringt es mit sich, daß man nur die Fälle, in denen irgendetwas schief läuft, betrachtet. Dies mag zu einer selektiven Wahrnehmung führen. Dennoch ist eines auffällig: Lehrer und Schulleitungen ziehen es häufig vor, Entscheidungen im „stillen Kämmerlein" zu treffen und Kritik, wo immer möglich, zu ignorieren.

Wie überall gibt es kein schwarz oder weiß – auch Kritik von Eltern und Schülern ist nicht immer grundlos. Wenn Lehrer dies erkennen, dürfte schon viel für ein deutlich besseres Verhältnis zwischen Eltern und Lehrern getan sein.

Kapitel 2 - Die Schule – kein rechtsfreier Raum

Die wichtigste Institution der Gesellschaft neben der Familie ist die Schule.

Bill Gates

Schüler werden in der Regel weder von der Schule noch von Lehrern über ihre Rechte in der Schule aufgeklärt; gleiches gilt für die Eltern. Dadurch entsteht oft der Eindruck, die Schule sei ein rechtsfreier Raum, in dem der einzelne Schüler der Willkür seiner Lehrer mehr oder weniger stark ausgesetzt ist. Doch ganz im Gegenteil: Das Schulverhältnis ist ein Rechtsverhältnis, in dem die Beteiligten unterschiedliche Rechte und Pflichten haben. Die Schule ist kein rechtsfreier Raum, in dem ein Zustand der Regel- und Gesetzlosigkeit herrscht.

Aus eigener Erfahrung und durch den langjährigen Kontakt mit Eltern und Schülern, weiß ich, daß sich auch die Lehrer in der Regel nicht über ihre Rechte und Pflichten im Klaren sind. Lehrer sehen die in ihrem Studium vermittelte „Rechtskunde" häufig nur als notwendiges Übel an und schenken dem Thema meist wenig Beachtung. Daher sind Fehler, Fehlentscheidungen und daraus resultierende Probleme vor allem auf Unkenntnis zurückzuführen.

Es gibt viele Gründe, warum Eltern lieber schweigen als sich zu wehren, selbst bei offensichtlichen Fehlentscheidungen der Lehrer. Zum einen kennen sie die Rechtslage nicht, zum anderen fürchten sie die Reaktion des betroffenen Lehrers. Die Sorge vor „Rache", die Angst, dem eigenen Kind durch das Eingreifen mehr zu schaden als zu nutzen oder einfach Resignation sind nicht selten anzutreffen.

Mit diesem Buch möchte ich alle am Schulalltag Beteiligten in die Materie des Schulrechts einführen, damit sie sich in Zukunft bei Problemen ein Urteil bilden und ihre Rechte besser wahrnehmen können. Fundierte Informationen sind die besten Argumente - auch und gerade in der Auseinandersetzung mit den Lehrern. Sachkenntnis ist meist schon der erste Schritt zur Lösung des Problems.

Neben den häufig auftretenden Problemen, die im Schulalltag zu Konflikten führen, werden in diesem Buch die juristischen Grundstrukturen des deutschen Schulrechts behandelt. Um diese Strukturen auch für juristische Laien verständlich und nachvollziehbar darzulegen, wurde bewusst auf die wissenschaftlich exakte Zitierweise verzichtet und gesetzliche Bestimmung nur an Stellen genannt, wo dies zwingend erforderlich ist. Das Verständnis der Grundstrukturen ermöglicht dem Leser eine vertretbare Einschätzung nahezu jeder auftauchenden Rechtsfrage.

Nicht erst der „Pisa-Schock" hat deutlich gemacht, daß Schule, Bildung und Ausbildung emotionale Themen sind, zu denen es vielfältige Meinungen gibt. Gerade in wirtschaftlich weniger rosigen Zeiten rückt die Bedeutung einer qualifizierten Ausbildung wieder in den Vordergrund. So ist es kein Wunder, wenn Eltern und Schüler zunehmend kritischer im Umgang mit schulischen Fragen und Entscheidungen werden. Da bleiben Konflikte nicht aus.

Eltern wollen die bestmögliche Ausbildung für ihre Kinder, wollen Förderung, Information und Aufmerksamkeit. Schüler wollen Ausbildung, Mitbestimmung, die Verwirklichung ihrer Rechte und vor allem Spaß. Lehrer stehen zwischen den Fronten: einerseits sollen sie den staatlichen Erziehungsauftrag verwirklichen und die Ausbildung ihrer Schüler sicherstellen, andererseits sind auch sie an vielfältige Vorschriften gebunden. Die Schulleitung will einen reibungslosen Ablauf und das Ansehen ihrer Anstalt sicherstellen.

Die Politik will ihre eigenen Vorstellungen von Bildung und Erziehung mittels Beschlüssen und Lehrplänen an die Schule weitergeben.

Oft sind die verschiedenen Interessen der Beteiligten nur schwer in Einklang zu bringen. Verschärft wird der Konflikt dadurch, daß im Hinblick auf Bildungs- und Erziehungsziele in einer pluralistischen Gesellschaft allenfalls ein Minimalkonsens zu erreichen ist. Besondere Schwierigkeiten treten immer dann auf, wenn Einzelfallentscheidungen zu treffen sind, die allen Beteiligten gerecht werden sollen.

Entscheidungen im Bereich der Schule berühren nicht nur Schüler, Eltern und Lehrer - es gibt zahlreiche gesellschaftliche Gruppen, die ihre Vorstellungen von Erziehung verwirklicht sehen wollen. Damit nehmen

Die Schule – kein rechtsfreier Raum 23

all diese Gruppierungen mehr oder weniger Einfluss auf die Ausbildung und Erziehung der Schüler, mittel- oder unmittelbar.

Das Schulrecht ist kein theoretisches Feld: Es gilt vielmehr praktische Fragen zu klären, vor allem solche, die das Verhalten von Lehrern und Schülern betreffen. Exemplarisch aus einer Vielzahl von Möglichkeiten seien genannt:

- Wie weit geht die Meinungsfreiheit eines Lehrers?
- Dürfen Schüler streiken?
- Darf ein Lehrer das Tragen bauchfreier Kleidung verbieten?

Das Schulrecht im umfassenden Sinne gibt es aufgrund des deutschen Föderalismus nicht. Vielmehr besteht das Schulrecht aus den unterschiedlichen Regelungen der 16 Bundesländer. Dieser Umstand macht eine überblicksartige Darstellung schwierig und muß naturgemäß dazu führen, daß landesspezifische Besonderheiten keine Berücksichtigung finden können.

Da Bildung Ländersache ist und die Absprachen der Kultusministerkonferenz nicht viel mehr als einen Minimalkonsens darstellen, sind die Regelungen der einzelnen Bundesländer nicht einheitlich. Dargestellt werden daher im Folgenden schwerpunktmäßig Grundsätze, die in allen Bundesländern vergleichbar sind. Bei Detailfragen ist ein Blick in die jeweiligen Landesrechtsvorschriften zu empfehlen.

Kapitel 3 - Der Schulalltag – Gesetze und Regelungen

Das Grundgesetz

Nicht allein das kürzlich ergangene „Kopftuch-Urteil" des Bundesverfassungsgerichts vom 24.9.2003 hat es in den Vordergrund gerückt: Entscheidungen in der Schule tangieren häufig grundgesetzliche und grundrechtliche Fragestellungen. Wenn also darüber zu befinden ist, ob eine Lehrerin muslimischen Glaubens ein Kopftuch tragen darf, während sie an einer staatlichen Schule Unterricht erteilt, stehen sich verfassungsrechtlich geschützte Rechtspositionen gegenüber. Dieses Urteil spaltet Gegner und Befürworter der getroffenen Entscheidung in zwei Lager, die sich geradezu unvereinbar gegenüberstehen.

Unabhängig davon, wie die getroffene Entscheidung im Einzelfall beurteilt werden mag, hat sie einen großen Verdienst: Sie hat die verfassungsrechtlichen Bezüge im Schulrecht in den Blickpunkt gerückt und damit deutlich gemacht, daß die Entscheidung anhand von verfassungsrechtlichen Vorgaben und Bezügen zu lösen ist.

Das Bewusstsein, daß Schüler und Eltern in ihren Grundrechten verletzt oder zumindest tangiert sein können, läßt viele Überlegungen in einem ganz anderen Licht erscheinen. Letztlich wird deutlich, daß es bei allen Entscheidungen immer darum gehen muß, einen gerechten Interessensausgleich zu finden. Nur auf diesem Wege wird es möglich sein, die divergierenden Interessen einer gerechten Gewichtung zuzuführen. So sind zahlreiche Konflikte auch und gerade anhand verfassungsrechtlicher Vorgaben zu lösen.

Welche konkrete Bedeutung hat das Grundgesetz für den Schulalltag? Das Grundgesetz (GG) bestimmt, daß in dem föderalen Staat Bundesrepublik Deutschland die Kompetenzen zwischen Bund und Ländern verteilt sind. Für den Bereich Schule sind die Länder zuständig.

Daraus folgt, daß jedes Land sein Schulwesen weitgehend eigenständig organisieren kann. Bestimmte Einschränkungen bestehen allerdings beispielsweise im Bereich der Bindung an die Grundrechte oder dem Grundsatz der Bundestreue.

26   *Der Schulalltag – Gesetze und Regelungen*

Die Kulturhoheit der Länder ermöglicht diesen eine weitgehend eigenständige Gestaltung der Schulorganisation und Festlegung der Bildungs- und Erziehungsziele.

Schattenseiten dieser Freiheit treffen vor allem die Schüler. Für einen Umzug in ein anderes Bundesland hat dieser Föderalismus oft weitreichende Folgen. Oftmals weichen Lehrpläne und Schulangebote so sehr von einander ab, daß nicht selten eine Wiederholung der Klasse unvermeidbar ist.

Zentrales Koordinierungsorgan ist die Kultusministerkonferenz der Länder, die sich seit dem „Pisa-Schock" bemüht, Leistungskontrollen zu vereinheitlichen und vergleichbar zu machen.

Aus dem Grundgesetz läßt sich auch das Neutralitätsgebot des Staates ableiten, das für die Schule von besonderer Bedeutung ist. Es folgt aus den Artikeln 4 Absatz 1, 3 Absatz 3 und 33 Absatz 3 des Grundgesetzes und untersagt beispielsweise die Privilegierung bestimmter Bekenntnisse sowie die Ausgrenzung Andersgläubiger.

Dieses Gebot ist keine distanzierte, sondern eine offene, die Glaubensfreiheit für alle Bekenntnisse fördernde Haltung. Angesichts des staatlichen Erziehungsauftrags wirkt dieses Gebot auch im Bereich der Pflichtschule, wo die Lehrenden im Auftrag des Staates tätig werden.

Im Umkehrschluß heißt dies nicht, daß christliche Bezüge in der Schule keinen Platz haben; allerdings muß die Schule sich ihre Offenheit für andere weltanschauliche und religiöse Inhalte und Werte bewahren.

Die allgemeine Neutralitätspflicht des Staates beansprucht für Lehrer in besonderem Maße Geltung, weil sie den staatlichen Erziehungsauftrag ausführen und unmittelbare pädagogische Verantwortung für den Unterricht und die Erziehung der Schüler übernehmen. Gerade bei Grundschullehrkräften kommt dem Neutralitätsgebot besondere Bedeutung zu, da die Schüler eine erhebliche Bindung zur Lehrkraft entwickeln.

Von einem Lehrer wird grundsätzlich verlangt, daß er die Verwendung solch signifikanter Symbole unterläßt, die geeignet sind, Zweifel an seiner Neutralität und professionelle Distanz in politisch, religiös oder kulturell umstrittenen Fragen zu wecken.

Der Schulalltag – Gesetze und Regelungen

Nach Artikel 7 Absatz 1 des Grundgesetzes steht das gesamte Schulwesen unter staatlicher Aufsicht: Dem Gesetzgeber kommt im Bereich der Schule eine Leit- und Lenkungsfunktion zu. Der Begriff der Schulaufsicht wird als Gesamtheit der staatlichen Befugnisse zur Organisation, Leitung und Planung des Schulwesens verstanden und tritt als Rechts-, Fach- und Dienstaufsicht auf. Exemplarisch genannt seien nur die Festlegung der Unterrichtsziele, die Schaffung neuer Unterrichtsfächer, die Auswahl und Verwendung von Schulbüchern etc..

Die staatliche Schulaufsicht umfasst im Wesentlichen die folgenden Bereiche:

- Die Planung, Leitung, Ordnung und Förderung des gesamten Schulwesens

- Das Bestimmungsrecht über die Unterrichts- und Erziehungsarbeit der öffentlichen Schulen

- Die Fachaufsicht über die Schulen

- Die Dienstaufsicht über die Schulleiter und Lehrer

- Die Aufsicht über die Erfüllung der dem Schulträger obliegenden Angelegenheiten

Es gibt in Deutschland nicht nur staatliche Schulen, sondern auch Privatschulen. Artikel 7 Absatz 4 Satz 1 GG verbürgt Einzelpersonen und Personenmehrheiten das Recht, Privatschulen zu errichten und zu betreiben.

Der Träger einer Privatschule hat verschiedene Rechte:

- das Recht zur Gestaltung des äußeren Schulbetriebs (Organisation von Schule und Unterricht)

- das Recht zur Gestaltung des inneren Schulbetriebs (Lehrpläne, Lehrziele, Lernmethoden, Lehrmittel)

- das Recht zur freien Schüler- und Lehrerwahl

Das Grundgesetz gewährleistet das Recht auf die Freiheit, Privatschulen zu errichten. Privatschulen dürfen nicht allein wegen ihrer andersartigen Erziehungsformen oder -inhalte benachteiligt werden.

Als Privatschulen werden diejenigen Schulen bezeichnet, die nicht von einem Träger öffentlicher Gewalt betrieben werden.

Sofern sie die Voraussetzungen erfüllen, besteht ein Anspruch auf Genehmigung, wobei für Volksschulen besondere Anforderungen gelten. Eine Genehmigung zur Errichtung einer Ersatzschule wird erteilt, wenn

- diese in Lehrzielen und Einrichtungen sowie in der wissenschaftlichen Ausbildung der Lehrkräfte nicht hinter den öffentlichen Schulen zurücksteht,

- keine Sonderung nach den Besitzverhältnissen der Eltern fördert,

- die wirtschaftliche und rechtliche Stellung der Lehrkräfte sichert.

Für den Bereich von Volks- und Grundschulen geht das Grundgesetz vom Vorrang der staatlichen Grundschule aus. Eine Anerkennung kommt nur bei Vorliegen eines überwiegendem „besonderem pädagogischen Interesses" in Betracht.

Selbstverständlich sind Privatschulen ebenfalls an die Grundrechte der Schüler gebunden.

Die Errichtung und Unterhaltung einer Privatschule ist ein so kostenintensives Unterfangen, daß die Finanzierung allein durch Schulgelder kaum möglich ist. Um nicht nur sehr vermögende Eltern in die Lage zu versetzen, ihre Kinder auf solche Schulen zu schicken und damit nicht Besitzverhältnisse zum wichtigsten Anknüpfungspunkt zu machen, erfolgt die Finanzierung zum Großteil aus staatlichen Subventionen. Die einzelnen Bestimmungen der Bundesländer weichen dabei stark voneinander ab.

Auch Privatschulen müssen grundsätzlich allen Schülern unabhängig von ihren sozialen und wirtschaftlichen Verhältnissen offen stehen und dürfen nicht einem Kreis wirtschaftlich besonders leistungsfähiger Eltern vorbehalten bleiben.

Nicht nur die Schüler, sondern auch deren Eltern sind, wenn auch nur mittelbar, am Schulverhältnis beteiligt.

Der Schulalltag – Gesetze und Regelungen 29

In den meisten Schulgesetzen werden „Eltern„ definiert als die für einen minderjährigen Schüler Sorgeberechtigten.

Das Elternrecht ist nicht nur ein Grundrecht, sondern auch eine Pflicht der Eltern.

Das Elternrecht umfasst nicht nur die freie Entscheidung über Pflege und Erziehung, sondern auch die umfassende Verantwortung für die Entwicklung des Kindes. Es erstreckt sich auch auf die weltanschauliche Erziehung und auf die Ausbildung in der Schule. Dazu zählt auch die Entscheidung für oder gegen eine bestimmte Schule.

Kommt es zu einer Kollision des Elternrechts mit dem staatlichen Bildungsauftrag, werden diese als gleichwertig angesehen, so daß kein absoluter Vorrang besteht.

Vielmehr besteht eine gemeinsame Erziehungsaufgabe von Eltern und Schule.

Je nach Begabung und Interesse sind die Schulfächer unterschiedlich beliebt; aber kaum ein Fach ruft so starke Emotionen hervor, polarisiert so stark wie der Religionsunterricht.

Nicht erst die jüngste „Kopftuchentscheidung" des Bundesverfassungsgerichts oder die Diskussion um Kruzifixe in Klassenzimmern macht deutlich, daß es zahlreiche Konstellationen gibt, in denen religiöse Fragestellungen Relevanz bekommen.

Der Staat ist in Durchbrechung der grundsätzlichen Trennung von Kirche und Staat verpflichtet, innerhalb des staatlichen Schulwesens Religionsunterricht einzurichten.

Der Religionsunterricht stellt mit Ausnahme der bekenntnisfreien Schulen ein ordentliches Lehrfach dar, d.h. es handelt sich um ein Pflicht- und kein Wahlfach. Eine Teilnahmepflicht besteht also grundsätzlich, es sei denn, daß die Eltern die Teilnahme ihres Kindes ablehnen. Religionsmündige Kinder können auch ohne Zustimmung ihrer Eltern die Befreiung vom Religionsunterricht erreichen; jedoch trifft sie dann die Pflicht, an einem ersatzweise angebotenen Unterrichtsfach teilzunehmen, z.B. Philosophie.

Gesetze der Länder und Verordnungen

Das Schulrecht findet seine Ausgestaltung in zahlreichen gesetzlichen Regelungen. Dazu zählen unter anderem das Schulgesetz des jeweiligen Bundeslandes, die Landesverfassung, zahlreiche Erlaße, Verordnungen etc.. Abhängig von Schulart und konkretem Anlass ist dabei für jeden etwas anderes von Bedeutung, z.b. für den Oberstufenschüler die Oberstufenverordnung.

Bei Interesse und Bedarf können die Gesetze und Verordnungen bei der Schulleitung, der Schülervertretung oder im Internet eingesehen werden, wo fast jedes Bundesland die Landesgesetze aus dem Bereich Schulrecht öffentlich zugänglich macht. Leider ist für den Normalbürger häufig vollkommen unklar, wie die Gesetze und Regelungen zu verstehen und zu interpretieren sind.

Der juristische Sprachgebrauch ist vielfach sehr abstrakt und dadurch schwer verständlich. Aber es gibt einige Grundregeln:

Formulierungen wie „ist", „muß", „darf nicht" deuten darauf hin, daß zwingend die genannte Rechtsfolge eintreten muß und grundsätzlich keine Ausnahme möglich ist.

Formulierungen wie „soll", „in der Regel", „kann" „grundsätzlich" weisen darauf hin, daß grundsätzlich ein sogenannter Ermessensspielraum besteht, d.h. es gibt mehrere denkbare und zulässige Möglichkeiten - Ausnahmen sind möglich.

Im Schulrecht gilt das Prinzip der Normenhierarchie. Das heißt, nicht alle Normen sind gleichwertig. Es ist also eine Rangfolge einzuhalten. Da sich bei einer graphischen Darstellung das Bild einer Pyramide ergibt, wird auch von einer Normenpyramide gesprochen.

An erster Stelle steht das Grundgesetz mit den Landesverfassungen,

- dann folgen die Gesetze, also das Schulgesetz,
- dann die Rechtsverordnungen,
- dann die Verwaltungsvorschriften, z.B. der Kultusminister an die Schulen,
- und schließlich die Konferenzbeschlüsse, z.B. der Lehrer-/ Schulkonferenz

Der Schulalltag – Gesetze und Regelungen　　　　　　　　　31

Am Beispiel von Schleswig-Holstein eine Übersicht, was alles geregelt ist und wo man ggf. nachschauen kann:

- Klassengröße z.B. Erlaß „Gruppengrößen für die Klassen (...) an allgemeinbildenden Schulen"

- Anzahl der in einem Fach zu schreibenden Arbeiten z.B. Lehrplan/Klausurenerlaß

- Beschwerderechte der Schüler z.B. Erlaß „Die Stellung des Schülers in der Schule„

- Fragen zur Beförderung/Schulbus z.B. Schulgesetz

- Fragen zur Datenerhebung und -speicherung z.B. Datenschutzverordnung Schule, Bekanntmachung „Datenschutz im Schulwesen"

- Fragen zu Fehlstunden z.B. Oberstufenverordnung

- Unterrichtsausfall wegen besonderer Witterung z.B. Erlaß „Ausfall von Unterrichtsstunden aufgrund besonderer Witterungsverhältnisse"

- Fragen im Zusammenhang mit der Schülervertretung z.B. Schulgesetz

- Leistungsbewertung z.B. „Landesverordnung über Notenstufen und andere Angaben in Zeugnissen"

- Leistungskurse z.B. Oberstufenverordnung

- Fragen zum Vertrieb von Lebensmitteln z.B. Erlaß „Vertrieb von Esswaren und Getränken in Schulen„ (sog. Müslierlaß von Schleswig-Holstein)

- Länge der Pausen z.B. Erlaß „Dauer einer Unterrichtsstunde"

- Sportunterricht bei Ozonbelastung z.B. „Empfehlungen zum Sportunterricht bei erhöhter Ozonbelastung"

- Praktika z.B. Erlaß „Betriebspraktika"

- Wandertage/Klassenfahrten z.B. Erlaß „Richtlinien für Schulausflüge"

- Fragen zu Werbung z.B. Schulgesetz

Schon diese kurze Übersicht zeigt, daß es kaum einen Teilaspekt im Schulrecht gibt, der nicht rechtlich geregelt und die Schule kein rechtsfreier Raum (mehr) ist.

Die genauen Bezeichnungen der einzelnen Normen können infolge von Änderungen variieren und tun dies in der Regel vor allem in südlicheren Bundesländern.

Je nachdem, welche Frage geklärt werden soll, muß nach der Norm gesucht werden, die Antwort geben kann.

Meist lassen sich bereits aus der Überschrift Rückschlüsse auf den Inhalt bzw. den Regelungsgegenstand ziehen. Geht es zum Beispiel um Fragen im Zusammenhang mit Klassenfahrten, kann ein Blick in den entsprechenden Erlaß weiterhelfen.

Grundsätzlich finden sich im Schulgesetz allgemeine Regelungen, die dann in den einzelnen Verordnungen oder Erlassen weiter konkretisiert werden. Für sehr spezielle Fragen hilft das Schulgesetz in der Regel nicht weiter, so daß Spezialvorschriften zu suchen sind.

Die öffentlichen Schulen sind nichtrechtsfähige öffentliche Anstalten, d.h. sie erfüllen ihre Aufgaben im Rahmen eines öffentlich-rechtlichen Rechtsverhältnisses (Schulverhältnis).

Folge dessen ist, daß das Rechtsstaatsprinzip zur Anwendung kommt.

Das bedeutet,

- daß Eingriffe in die grundrechtsgeschützte Individualsphäre und die Regelung „wesentlicher Dinge" sind nur aufgrund von Gesetzen bzw. Rechtsverordnungen möglich sind (sog. Gesetzesvorbehalt),

- Gesetze verfassungsgerichtlich überprüfbar sind,

- Rechtsschutz bei Verwaltungshandeln, z.B. Klage vor dem Verwaltungsgericht, möglich ist

- Rechtsschutz bei Verwaltungsakten durch Beschwerde, Widerspruchsverfahren und Klage möglich ist

Der Schulalltag – Gesetze und Regelungen

Der Gesetzesvorbehalt verlangt eine gesetzliche Grundlage für Eingriffe in die Rechte der Bürger. In radikaler Abkehr von der Lehre des besonderen Gewaltverhältnisses wird verlangt, daß der Gesetzgeber die wesentlichen Entscheidungen im Schulwesen selbst treffen muß und nicht der Verwaltung überlassen kann.

Der Aufnahmeanspruch

Mit Beginn der Schulpflicht hat jedes Kind Anspruch auf Aufnahme in eine Grund- und danach in eine weiterführende Schule; zahlreiche Landesgesetze normieren dieses Zugangsrecht als Teilaspekt des Rechts auf Bildung explizit.

Der Anspruch auf Zugang kann von den einzelnen Ländern an Kriterien wie Alter und/oder Eignung geknüpft werden. Gegenwärtig wird auch diskutiert, ob das Beherrschen der deutschen Sprache als Kriterium hinzukommen soll.

Kinder und Jugendliche, die schulunfähig sind, die also etwa infolge geistiger und körperlicher Behinderungen oder einer Störung ihres Sozialverhaltens so stark gestört sind, daß sie in keiner Schule gefördert werden können, unterliegen nicht der Schulpflicht.

Das Diskriminierungsverbot

Aus Artikel 3 des Grundgesetzes ergibt sich, daß niemand wegen seines Geschlechts, seiner Abstammung, seiner Rasse, seiner Sprache, seiner Heimat und seiner Herkunft, seines Glaubens, seiner religiösen oder politischen Anschauungen benachteiligt oder bevorzugt werden darf. Dies wird häufig auch mit dem Schlagwort „Diskriminierungsverbot" umschrieben.

Es soll also eine willkürliche Ungleichbehandlung vermieden werden. Daher dürfen Kinder von ausländischen Mitbürgern ebenso wenig diskriminiert werden wie diejenigen, die aus einem sozial schwachen Elternhaus kommen. Andersherum formuliert: Alle Schüler sind gleich, haben die gleichen Rechte und Pflichten. Für eine Ungleichbehandlung muß ein sachlicher Differenzierungsgrund vorliegen. So ist es selbstverständlich zulässig, beispielsweise auf gesundheitliche Probleme Rücksicht zu nehmen.

34   *Der Schulalltag – Gesetze und Regelungen*

Die Aufsichtspflicht

Die Eltern vertrauen während der Unterrichtszeit einschließlich der Pausen oder im Rahmen von sonstigen schulischen Veranstaltungen der Schule ihre Kinder an und nehmen in diesem Zeitraum ihre elterliche Sorge nicht persönlich wahr.

Verantwortung für die Beaufsichtigung der Schüler tragen in diesem Zeitraum Schulbehörde, Schulleitung und Lehrer.

Die Aufsichtpflicht entfällt auch nicht bei Veranstaltungen außerhalb des Schulgebäudes (Schwimmhalle, Klassenfahrten, Wandertage etc.), allerdings auf dem Schulweg.

Verletzungen der Aufsichtspflicht können Amtshaftungs- und Schadensersatzansprüche auslösen, wobei grundsätzlich auch eine Strafbarkeit wegen fahrlässiger Körperverletzung oder Tötung in Betracht kommen kann. Trifft den betroffenen Lehrer ein Verschulden, ist ihm also sein Verhalten vorwerfbar, können gegen ihn auch Disziplinarmaßnahmen verhängt werden.

Haftung

Es passiert zwar selten, aber es kommt vor. Es ist der Alptraum von Eltern und Lehrern gleichermaßen: Ein Schüler zieht sich während des Sportunterrichts eine schwere Verletzung zu oder auf einer Klassenfahrt verunglückt jemand tödlich. Solche Unfälle lassen sich auch mit der größten Sorgfalt nicht immer vermeiden; läßt aber der Lehrer diese einmal außer acht, kann sein Verhalten unter anderem Ansprüche der betroffenen Eltern und Schüler auslösen. In diesen Konstellationen stellt sich dann die sogenannte Haftungsfrage.

Lehrer haften wegen der Verletzung ihrer Aufsichtspflicht nach den Grundsätzen der Amtshaftung. Für Schäden, die bei den beaufsichtigten Schülern eintreten oder von diesen gegenüber Dritten zugefügt werden, haftet gemäß § 839 des Bürgerlichen Gesetzbuchs in Verbindung mit Artikel 34 des Grundgesetzes das Land.

Eine Haftung der Schule im Sinne von § 823 des Bürgerlichen Gesetzbuchs (unerlaubte Handlung) kommt auch beispielsweise bei der Verletzung von Verkehrssicherungspflichten in Betracht. Als Beispiel

Der Schulalltag – Gesetze und Regelungen 35

mögen Verletzungen infolge nicht ordnungsgemäß beschaffener Einrichtungen genügen.

Im Rahmen von Schulveranstaltungen unterliegen Schüler der gesetzlichen Unfallversicherung. Kommt es also zu einem Unfall, so hat der Schüler Ansprüche gegen den Träger der gesetzlichen Unfallversicherung auf Ersatz der durch den Unfall verursachten Kosten. Dieser Versicherungsschutz besteht auch auf dem Schulweg, wobei es dem Schüler freigestellt ist, auf welchem Weg er die Schule oder sein Zuhause erreicht. Bei Schulbusunfällen haftet der Busunternehmer.

Diese aufgestellten Grundsätze sollen nur dazu dienen, ein Gefühl für das System des Haftungsrechts zu entwickeln. Natürlich können im Einzelfall abweichende Regelungen zur Anwendung kommen.

Maßnahmen der Schulorganisation

Grundsätzlich besitzen die Länder eine weitgehend eigenständige Gestaltungsfreiheit ihres Schulwesens. Ob die gegenwärtig nach dem „Pisaschock" diskutierten Bestrebungen nach Vereinheitlichung der Leistungskontrollen und anderen Ansätzen, mit denen das Schulwesen reformiert werden soll, tatsächlich Praxis werden, ist noch nicht abzusehen. Die Gestaltungsfreiheit der Länder darf jedoch nicht so verstanden werden, als sei diese unbegrenzt. Begrenzungen erfährt diese vielmehr durch die Kompetenzordnung des Grundgesetzes, den Grundsatz der Bundestreue und durch die Grundrechte. Soweit infolge der konkurrierenden Interessen im Einzelfall Konflikte auftreten, sind diese auch nach dem Grundsatz der Verhältnismäßigkeit auszugleichen. Das Persönlichkeitsrecht des Schülers schützt ihn zwar vor schikanösen Maßnahmen, nicht aber vor bestimmten Maßnahmen, die den geordneten Schulablauf sicherstellen.

Maßnahmen zur Errichtung, Umwandlung, Schließung einer Schule gehören zu den Maßnahmen der Schulorganisation. Diese sind Verwaltungsakte im Sinne von § 35 Verwaltungsverfahrensgesetz (VwVfG), gegen die mittels Widerspruch und Anfechtungsklage vorgegangen werden kann.

Die Schießung einer Schule stellt eine Schulorganisationsmaßnahme dar. Als Reaktion auf rückläufige Schülerzahlen ist eine solche Maß-

nahme grundsätzlich zulässig, zumal Eltern kein Recht auf die Erhaltung einer Schule haben.

Voraussetzung ist allerdings eine umfassende Abwägung aller an diesem Prozeß beteiligten Interessen.

Organisationsmaßnahmen innerhalb der einzelnen Schule zu Regelungen des laufenden Schulbetriebs - zum Beispiel im Rahmen des Unterrichts (Umsetzen einzelner Schüler oder neue Sitzordnungen) - kommt keine Verwaltungsaktqualität zu.

Fahrt zur Schule

Die Schülerbeförderung ist Sache der Schulträger, wobei die Kosten zu einem überwiegenden Teil von der öffentlichen Hand getragen werden. Grundsätzlich sind angemessene Beschränkungen in Form von Eigenanteilen oder Sockelbeträgen zulässig. Ansprüche auf Erstattung von Beförderungskosten zu einer weiter entfernten Schule bestehen beispielsweise dann nicht, wenn die näher gelegene Schule noch Aufnahmekapazitäten hat. Im Einzelnen gibt es zahlreiche landesgesetzliche Regelungen zu diesem Thema.

Die pädagogische Freiheit

Die pädagogische Freiheit meint einen Gestaltungs- und Beurteilungsspielraum, der dem einzelnen Lehrer eingeräumt wird, also ein gewisser Spielraum, den ein Lehrer benötigt, um seiner pädagogischen Verantwortung gerecht werden zu können. Grenzen dieser sind neben den Grundrechten von Eltern und Schülern vor allem Rechtsvorschriften und der Bildungs- und Erziehungsauftrag der Schule. Die pädagogische Freiheit geht nicht so weit, daß ein Lehrer grundsätzlich tun und lassen kann, was er will und Eltern und Schüler seinen Aktionen ausgeliefert wären.

Gemeinsamer Unterricht von Jungen und Mädchen

Der gemeinsame Unterricht beider Geschlechter gehört heute in der ganz überwiegenden Anzahl von Schulen zum Alltag.

Der Schulalltag – Gesetze und Regelungen

Ein Anspruch der Eltern, auf die Einrichtung getrennter Schulen existiert ebenso wenig wie der getrennte Unterricht in den naturwissenschaftlichen Fächern.

Kapitel 4 - Aufbau des Schulsystems

Die Aufgaben der Schule

Schule wird im Schulgesetz definiert: „Schulen sind alle auf Dauer bestimmten Unterrichtseinrichtungen, in denen unabhängig vom Wechsel der Lehrkräfte, Schülerinnen und Schüler durch planmäßiges und gemeinsames Lernen in einer Mehrzahl von Fächern und Lernbereichen und durch das gemeinsame Schulleben bestimmte Bildungs- und Erziehungsziele erreicht werden sollen."

Zu den Aufgaben der Schule, die nach Artikel 7 unter der Aufsicht des Staates stehen, gehören Unterrichtung und Erziehung der Schüler.

In den Landesverfassungen, Gesetzen, Rechts- und Verwaltungsvorschriften wird festgeschrieben, daß die Schule beispielsweise:

- Wissen, Fertigkeiten und Fähigkeiten vermitteln
- zu selbstständigem kritischem Urteil und eigenverantwortlichem Handeln befähigen
- zu Freiheit und Demokratie erziehen
- ethische Normen, kulturelle und religiöse Werte verständlich machen
- zur Wahrnehmung von Rechten und Pflichten in der Gesellschaft befähigen soll
- etc.

Es wird differenziert zwischen:

- Schularten: Grundschule, Hauptschule, Realschule, Gymnasium, Kolleg, Berufsschule, Berufsfachschule, Berufskolleg, Berufsoberschule, Fachschule, Sonderschule
- Teilweise üblich ist auch eine Unterteilung in Grundschule, weiterführende allgemeinbildende und berufsbildende Schulen
- Schulstufen: Primarstufe, Sekundarstufe I mit Orientierungsstufe, Sekundarstufe II

- Schultypen: Bei der Schulart Gymnasium gibt es z. B. den alt-sprachlichen Typ oder den neusprachlichen Typ; bei der Schulart Berufsfachschule gibt es z. B. die gewerblichen Typen oder die kaufmännischen Typen.

Weiterhin wird noch unterschieden zwischen Pflicht- und Wahlschulen:

- Pflichtschulen sind zur Erfüllung der Schulpflicht zu besuchen, falls keine andere Wahl getroffen wird oder möglich ist, z.b. Grundschule, Hauptschule, Berufsschule, Sonderschule

- Wahlschulen sind beispielsweise Realschule, Gymnasium, Berufsfachschule.

- Schulen in freier Trägerschaft bereichern das Schulwesen, indem sie das Angebot freier Schulwahl ergänzen und das Schulwesen durch besondere Inhalte und Formen der Erziehung und des Unterrichts fördern.

- Ersatzschulen sind Schulen in freier Trägerschaft, wenn im Land entsprechende öffentliche Schulen bestehen.

Sie dürfen nur mit Genehmigung der Schulaufsichtsbehörde errichtet und betrieben werden. Mit der Genehmigung erhält die Schule das Recht, Kinder und Jugendliche zur Erfüllung ihrer Schulpflicht aufzunehmen

Durch Verleihung der staatlichen Anerkennung erhält dann die Ersatzschule auch das Recht, nach den allgemein für öffentliche Schulen geltenden Vorschriften Prüfungen abzuhalten und Zeugnisse zu erteilen.

Ergänzungsschulen sind Schulen in freier Trägerschaft, die keine Ersatzschulen sind. Die Eröffnung einer Ergänzungsschule ist vor Aufnahme des Unterrichts der Schulaufsichtsbehörde anzuzeigen.

Durch Verleihung der staatlichen Anerkennung erhält die Ergänzungsschule das Recht, Prüfungen abzuhalten.

Die verschiedenen Schularten

Spätestens mit dem Übergang auf eine weiterführende Schule, ist eine Entscheidung darüber erforderlich, welche Schule für den einzelnen Schüler am besten geeignet ist, welche am ehesten in der Lage sein

Aufbau des Schulsystems 41

wird, ihn angemessen zu fordern und zu fördern. Die Entscheidung setzt eine sorgfältige Planung voraus, da ein später erforderlicher Wechsel meist mit Schwierigkeiten verbunden ist. Den besten Anhaltspunkt liefern in der Regel die Beurteilungen durch die Grundschullehrer, die, gerade wenn sie über langjährige Erfahrung verfügen, eine Beurteilung abgeben, die sich erfahrungsgemäß in den allermeisten Fällen als zutreffend herausstellt.

So verschieden wie die einzelnen Schüler sind, so unterschiedlich sind auch die Zielsetzungen der einzelnen Schularten. Daher ein kurzer Überblick über die Zielsetzung der einzelnen Schularten.

Die **Grundschule** soll Grundkenntnisse und Grundfertigkeiten vermitteln und dauert 4 Jahre.

Ziel der **Hauptschule** ist es, eine grundlegende allgemeine Bildung zu vermitteln, die Grundlage für eine Berufsausbildung oder für weiterführende Bildungsgänge ist. Die Dauer umfasst 5 Jahre. An die Hauptschule schließt sich zumeist eine Berufsausbildung an.

Die **Realschule** vermittelt eine erweiterte allgemeine Bildung, die Grundlage für eine Berufsausbildung oder für weiterführende schulische Bildungsgänge ist und nimmt 6 Jahre in Anspruch.

Ziel des **Gymnasiums** ist eine breite und vertiefte Allgemeinbildung, die zur Studierfähigkeit führt.

Die **Sonderschule** dient der Erziehung und Ausbildung von Schülern, die infolge körperlicher, geistiger oder seelischer Besonderheiten in den allgemeinen Schulen nicht die ihnen zukommende Erziehung und Ausbildung erfahren können.

Die Wahl der richtigen Schule

In den meisten Bundesländern ist nach Abschluß des vierten Schuljahres eine Entscheidung über die weiterführende Schule zu treffen. Dabei stehen Eltern vor der Frage, welche Schulart den Interessen, Lernmöglichkeiten, Neigungen und Begabungen ihres Kindes am ehesten entspricht.

Das Verlassen der Grundschule stellt für viele Kinder einen bedeutenden Einschnitt dar, da sich nicht nur die räumliche Umgebung und die

Zusammensetzung der Klasse ändern, sondern neue Lehrkräfte mit der Unterrichtung befaßt sind.

Auch wenn die Gespräche mit den Grundschullehrkräften in der Regel einen sehr guten Überblick über die schulische und soziale Entwicklung des Kindes geben können und die Empfehlung häufig mehr als nur eine Entscheidungsgrundlage ist, besteht infolge der Durchlässigkeit des Schulsystems auch die Möglichkeit, eine einmal getroffene Entscheidung zu korrigieren.

Die Erprobungsphase in der 5. und 6. Klasse dient dazu, die Eignung des Schülers für die gewählte Schulform sicher zu stellen.

Als integrierte Schulform hat die Gesamtschule keine Erprobungsstufe; sie umfasst vielmehr die Bildungsgänge der Haupt- und Realschule sowie des Gymnasiums.

Grundsätzlich hat es sich bewährt, die Empfehlungen der Grundschullehrer bei der Entscheidungsfindung zugrunde zu legen. Dennoch stellen sie für Eltern nur eine Empfehlung dar, d.h. die letzte Entscheidung liegt bei den Eltern. Ihnen allein - in Zusammenarbeit mit dem betroffenen Schüler - obliegt die Entscheidung über die zu treffende Schulauswahl.

Um die für die persönliche und schulische Entwicklung des Kindes wesentliche Entscheidung zu stützen und zu festigen, bieten die meisten Schulen Informationsveranstaltungen für Eltern an, die vor allem der Vorstellung des Schulprogramms (soweit schon vorhanden) und der Klärung von Elternfragen dienen sollen.

Sollte sich trotz aller Überlegungen am Ende der Erprobungsphase herausstellen, daß die Eignung für die gewählte Schule fehlt, ist ein Wechsel sinnvoll. Dieser ist in beide Richtungen möglich und stellt sicher, daß eine einmal getroffene Entscheidung zum Wohle des Kindes auch wieder korrigiert werden kann.

Nur am Rande ist zu bemerken, daß es immer wieder Schüler schaffen, auf dem sogenannten zweiten Bildungsweg weitere Schulabschlüsse zu erwerben und auf diesem Wege ihre Qualifikation auszubauen. Mit anderen Worten: Auch auf dem zweiten Bildungsweg ist vieles möglich; die Angebote sind vielfältig und differenziert, so daß bei entsprechendem

Aufbau des Schulsystems 43

Interesse und Einsatz auch Abschlüsse zu einem späteren Zeitpunkt nachgeholt werden können.

Eltern sollten diesen Gedanken bei der Entscheidungsfindung als beruhigenden Anker im Hinterkopf haben, um dem Gefühl, mit einer Entscheidung einen ganzen Lebensweg vorzuzeichnen, selbstbewußt begegnen zu können.

Auch wenn es unwahrscheinlich klingt, mir sind persönlich drei Hauptschüler bekannt, die erfolgreich den zweiten Bildungsweg beschritten haben. Einer davon bis zum Abitur!

Auch wenn es schmerzlich sein mag, es gibt leider immer wieder Fälle, in denen Schüler trotz offensichtlicher Überforderung auf einer Schule verbleiben und mittels Nachhilfe große Teile ihrer Freizeit mit Hausaufgaben und Üben verbringen müssen.

Meiner Auffassung nach ist zu unterscheiden zwischen einer echten Überforderung eines Schülers, die sich ihn der Regel in mehreren Hauptfächern zeigt und einer temporären Leistungsschwäche, die häufig gerade zu Beginn der Pubertät auf zu nachlässiges Arbeiten zurückzuführen ist.

Nachhilfe kann aber immer nur dort ansetzen, wo einzelne Fragen auftauchen oder ein Schüler anderweitig Unterstützung braucht. Nachhilfe auf Dauer in mehreren Hauptfächern kann nur dann zum Ziel führen, wenn infolge von Krankheit, Schulwechsel o.ä. der Stoff versäumt wurde. Ansonsten liegt der Schluß nahe, daß ein Schüler den Anforderungen seiner Schule nicht oder zumindest nicht in vollem Umfang gewachsen ist.

Mein Tip: Seien Sie ehrlich gegenüber Ihrem Kind und sich selbst. Seien Sie wachsam und holen Sie sich rechtzeitig Rat durch die betreuenden Lehrer. Sie kennen Ihr Kind aber selbst am besten und sind am ehesten in der Lage, eine sich abzeichnende Überforderung zu erkennen. Aus einer dauerhaften Überforderung entstehen Ängste und Frustration. Ziehen Sie dann mutig die erforderlichen Konsequenzen. Machen Sie sich klar: Es gibt mehrere Bildungswege!

Die unterschiedlichen Gremien

In der Schule gibt es unterschiedliche Gremien mit unterschiedlichen Aufgaben und Kompetenzen.

Da diese mit ihren unterschiedlichen Bezeichnungen oft nicht immer allgemein bekannt sind, seien sie kurz einmal dargestellt:

Die **Schulkonferenz** ist das gemeinsame Organ der Schule und fördert das Zusammenwirken der verschiedenen Gruppen, also Schulleiter, Lehrer, Eltern, Schüler an der Schule. Vorsitzender ist der Schulleiter. Sie hat Empfehlungsrechte, Entscheidungsrechte, Anhörungsrechte und Einverständnisrechte.

Alle wesentlichen Entscheidungen werden in diesem Gremium getroffen. Exemplarisch seien genannt: die Verwendung der Haushaltsmittel der Schule, Festlegung der beweglichen Ferientage, Erlaß der Schulordnung.

Die **Klassenkonferenz** besteht aus den Lehrern, die in der Klasse Unterricht erteilen, dem Vorsitzenden des Klassenelternbeirats sowie ab einer bestimmten Klassenstufe, zumeist der achten, dem Klassensprecher.

Aufgabe der Klassenkonferenz ist beispielsweise die Bildungs- und Erziehungsarbeit der Klasse oder die Verhängung von Ordnungsmaßnahmen

Fachkonferenzen bestehen aus den jeweiligen Fachlehrern und zwei Schülern; sie sind beispielsweise für die Anschaffung neuer Schulbücher zuständig.

Einem **Landesschulbeirat** gehören Vertreter des Landtages, von Schulen, Eltern und anderen Gruppen sowie gewählte Schülervertreter an. Dieses Gremium berät die Landesregierung bei Fragen, die die Durchführung des Schulgesetzes betreffen; sichergestellt werden soll, daß Entscheidungen nicht am grünen Tisch getroffen werden. Der Landesschulbeirat wird beim zuständigen Ministerium eingerichtet.

Da jeder Mensch einmal Schüler war, sind die Anforderungen an die Schule so vielfältig wie die Menschen selbst. Zum Thema Schule hat jeder eine Meinung.

Kapitel 5 - Beteiligte am Schulsystem

Es soll an dieser Stelle nicht verkannt werden, daß Schule nur dann auf Dauer erfolgreich funktionieren kann, wenn alle daran Beteiligten ihre Pflichten wahrnehmen. Es soll keinesfalls bestritten werden, daß die Einhaltung von Pflichten unbedingt erforderlich ist.

Dennoch muß für Schüler auch die Möglichkeit bestehen, die ihnen im Gegenzug eingeräumten Rechte selbstbewußt wahrzunehmen.

Regelmäßig höre ich von Eltern oder Schülern, daß sie über ihre Rechte und die Pflichten der Lehrer niemand informiert hat.

So war sowohl Schülern als auch Eltern einer Realschulklasse unbekannt, daß eine Lehrerin Physikarbeiten nicht einfach mit der Begründung, sie gebe diese nie zurück, behalten darf.

Um Mißverständnissen vorzubeugen: Es geht an dieser Stelle nicht darum, Lehrer pauschal zu verunglimpfen. Es wäre ebenso unberechtigt wie falsch. Dennoch gibt es immer wieder Lehrer, die mit ihrem Verhalten der ganzen Berufsgruppe schaden. Darüber hinaus beschäftigen sich Juristen naturgemäß nur mit den „pathologischen" Fällen. Diejenigen, bei denen es keinerlei Schwierigkeiten gibt, bleiben uns vorenthalten.

Der Lehrer

Lehrer sind Beamte oder Angestellte des öffentlichen Dienstes und haben die aus diesem Status resultierenden Rechte und Pflichten.

Die Bestimmungen des Beamtenrechtsrahmengesetzes führen aus, daß der Beamte dem ganzen Volk dient, unparteiisch und gerecht ist. Er hat sein Verhalten an der demokratischen Grundordnung des Grundgesetzes auszurichten, die Pflicht zu politischer Zurückhaltung und die Pflicht zur Hingabe zu seinem Beruf.

Das Toleranzgebot verlangt von jedem Lehrer, daß er zu weltanschaulichen oder religiösen Auffassungen eine gewisse Distanz hält, er sich also nicht werbend für diese in einer Weise stark macht, die dem erzieherischen Konzept der Eltern zuwiderlaufen könnte. Weiterhin ge-

bietet der Gleichheitsgrundsatz, alle Schüler gleich zu behandeln und etwaige Sympathien oder Antipathien nicht offen auszuleben.

Die Ansprüche, die heute seitens der Schüler und Eltern, aber auch seitens der Politik an Lehrer gestellt werden, sind hoch.

Lehrkräfte sollen neben ihrem besonderen, persönlichen Engagement Wissen vermitteln und erziehen; sie sollen aber auch Ansprechpartner für Eltern und Schüler sein. Von ihnen wird erwartet, daß sie gerecht und unparteiisch handeln und urteilen und alle Tugenden eines idealen Menschen in sich vereinen. Nur sehr wenigen kann dies gelingen.

Kaum ein Beruf wird in der öffentlichen Diskussion so sehr wahrgenommen wie der des Lehrers. Kaum ein Beruf gerät so leicht in die Schlagzeilen und ist so häufig Kritik ausgesetzt. Auch dieser Umstand mag dazu führen, daß die Zufriedenheit vieler Lehrer mit ihrer Tätigkeit eher gering ist.

Auffällig ist die große Diskrepanz bei Lehrern zwischen Eigen- und Fremdwahrnehmung. Während Eltern und Schüler vor allem die angenehmen Seiten dieses Berufes (Ferien, weitgehende Freiheiten bei Arbeitszeit und Unterrichtsgestaltung) in den Vordergrund stellen, fühlen sich Lehrer ob ihrer vielfältigen Belastungen (Sprachprobleme, Kriminalität) häufig vollkommen unverstanden.

Es mag sein, daß Lehrer der besonderen öffentlichen Kontrolle unterliegen und daher in vielfältiger Weise Kritik ausgesetzt sind, die in der Schärfe vielleicht auch nicht immer gerechtfertigt ist.

Es soll an dieser Stelle keinesfalls in Abrede gestellt werden, daß der Lehrerberuf eine äußerst anspruchsvolle Tätigkeit darstellt, die, entsprechend ausgeübt, auch den höchsten Respekt aller Beteiligten verdient. Dennoch bleibt die nüchterne Erkenntnis, daß dies leider nur selten der Fall ist.

Der Schüler

Die rechtliche Stellung des Schülers auf Bildung ist im Wesentlichen durch das Recht auf Bildung geprägt, das in den unterschiedlichen Landesverfassungen mehr oder weniger explizit erwähnt wird.

Die öffentliche Institution Schule, die für sie handelnden Personen, der Staat und die Gemeinde als Schulträger treten dem Schüler als Träger öffentlicher Gewalt gegenüber. Die Rechtsbeziehung des Schülers zur Schule ist unmittelbar und wird ihm nicht erst durch seine Eltern vermittelt. Dies gilt auch für minderjährige Schüler.

Zu differenzieren ist bei allen Fragen im Bereich der Schule immer danach, welches Verhältnis tatsächlich betroffen ist.

Im Verhältnis zwischen Eltern und Kind obliegt im Zweifel immer den Eltern die Entscheidungsbefugnis. Nur im Falle von Missbrauchsmöglichkeiten bestehen seitens des Staates Eingriffsmöglichkeiten.

Aus Sicht der Schule sind sowohl Eltern als auch Kinder Grundrechtsträger, denen es grundsätzlich überlassen sein muß, Entscheidungen nach eigener Überzeugung zu treffen.

Nach überkommener Auffassung war das Schulverhältnis ein „besonderes Gewaltverhältnis", also ein weitgehend rechtsfreier Raum. Begründet wurde dies damit, daß Grundrechtseinschränkungen besser zu rechtfertigen seien, der Rechtsschutz verkürzt und der Vorbehalt des Gesetzes zurückgedrängt werden muß.

Diese Auffassung, die mit den Prinzipien und Grundwerten eines Rechtsstaats vollkommen unvereinbar ist, ist nun überholt - wenngleich in den Köpfen vieler immer noch präsent.

Keine Maßnahme, egal ob seitens der Schule, der Schulverwaltung oder eines einzelnen Lehrers ergeht in einem rechtsfreien Raum; vielmehr sind alle Beteiligten an die geltenden Vorschriften gebunden.

Entscheidungen und Maßnahmen im Bereich der Schule besitzen immer Grundrechtsrelevanz.

Der einzelne Schüler ist ein Rechtssubjekt; dennoch kann von ihm gerade in Hinblick auf den Ablauf und die Organisation des Schulbetriebes eine gewisse Anpassung erwartet werden. Wie überall, wo Menschen miteinander in Kontakt kommen, sollte auch und gerade im Bereich der Schule die Anerkennung und Befolgung bestimmter Regelungen selbstverständlich sein.

Auch wenn dieser Umstand bei Lehrern weithin unbekannt ist - Schüler haben Rechte, von denen sie auch aktiv Gebrauch machen sollten.

48   *Beteiligte am Schulsystem*

Jeder Schüler ist Grundrechtsträger. Im Bereich der Erziehung und Bildung muß die Person des einzelnen Schülers den Mittelpunkt bilden. Deshalb verlangt die Achtung der Grundrechtsposition des individuell Betroffenen beispielsweise schon im Bereich der Vorbereitungsphase einer Entscheidung Information und Anhörung.

Jedem Schüler stehen Mitwirkungs- und Informationsrechte zu, die er entweder allein oder als Gruppe geltend machen kann. Begrenzt werden diese Rechte zum einen durch die Rechte der übrigen am Schulverhältnis Beteiligten (Mitschüler, Lehrer, Eltern) und zum anderen durch die zur Erreichung des Schulzwecks verbindlichen Regelungen (Lehrpläne etc.).

Der Schüler hat das Recht, über die Unterrichtsplanung informiert zu werden, damit er sich aktiv am Unterrichtsgeschehen beteiligen kann.

Dem Schüler sollen auch die Bewertungsmaßstäbe für die Notengebung und andere Bewertungen erläutert werden. Nur diese Informationen können ihn in die Lage versetzen, diese nachzuvollziehen und ggf. Konsequenzen für die Zukunft zu ziehen.

Dem Schüler ist Gelegenheit zu geben, sich nach persönlicher Reife, Kenntnisstand und Interessen durch Vorschläge und Anregungen im Rahmen der Unterrichtsplanung zu beteiligen.

Weiterhin bestehen für Schüler dann, wenn anstelle des Jahrgangsklassensystems bestimmte thematische Kurse angeboten werden, Wahlmöglichkeiten.

Schüler haben allerdings schon aus organisatorischen Gründen kein Recht, sich ihre Lehrer auszuwählen, obwohl viele sich dies wünschen.

Jeder Schüler hat das Recht sich zu beschweren, wenn er sich in seinen Rechten beeinträchtigt sieht.

Die Eltern

Auch wenn Eltern am Schulverhältnis nur mittelbar beteiligt sind, kommt ihnen eine nicht zu unterschätzende Rolle zu. Auch ihnen sind gesetzlich garantierte Rechte eingeräumt, die es ihnen ermöglichen sollen, innerhalb der vorgegebenen Grenzen Einfluss auf die Gestaltung der Schule und deren Abläufe zu nehmen.

Beteiligte am Schulsystem

Die elterliche Gewalt steht nach bürgerlichem Recht beiden Eltern zu; grundsätzlich müssen sie gemeinsam handeln, wobei Vertretungsmöglichkeiten bestehen.

Das Grundgesetz gewährt Eltern durch Artikel 6 Absatz 2 das Grundrecht auf Pflege und Erziehung ihrer Kinder; primär ist also die Erziehung Sache der Eltern und nicht der Schule oder der Lehrer.

Grundsätzlich sind Eltern in der Erziehung ihrer Kinder frei. Sie können unabhängig von staatlichen Einflüssen und Vorgaben entscheiden, wie sie ihre Kinder erziehen und wie sie ihrer Verantwortung gerecht werden wollen.

Im Bereich der Schule kommt nun Artikel 7 Absatz 1 des Grundgesetzes ins Spiel, der dem Staat einen eigenständigen Erziehungsauftrag erteilt. Damit stehen sich das Elternrecht und der staatliche Erziehungsauftrag gegenüber, ohne daß einer von beiden absoluten Vorrang beanspruchen könnte. Konflikte in diesem Bereich sind also fast unausweichlich. Es gibt eine gemeinsame Erziehungsaufgabe von Eltern und Staat, welche die Persönlichkeitsentwicklung des Kindes zum Ziel hat. Dieses Ziel ist nur durch ein sinnvolles Zusammenwirken von Eltern und Schule zu verwirklichen.

Diese abstrakte Beschreibung der sich gegenüberstehenden Rechte mag erahnen lassen, daß im Einzelfall eine Lösung fast immer mittels einer Abwägung, eines schonenden Ausgleichs der betroffenen Rechtspositionen zu suchen ist.

Das Elternrecht geht zwar nicht so weit, daß der Staat eine Schulform schaffen muß, die den Wünschen der Eltern gerecht wird; den Eltern steht aber ein Wahlrecht zu, was die zur Verfügung gestellten Schulformen betrifft.

Weiterhin muß das Unterrichtsprogramm der Schule in denjenigen Fragen für erzieherische Einflüsse der Eltern in besonderem Maße offen sein, wenn es um weltanschauliche, religiöse, ethische oder politische Aspekte der Erziehung geht. Die erforderliche Zurückhaltung der Schule läßt sich zum einen aus dem Toleranzgebot ableiten, zum anderen aber auch aus der besonderen Pflicht die in einer pluralistischen Gesellschaft unterschiedlichen Vorstellungen - soweit sie mit den Wertentscheidun-

gen der Verfassung im Einklang stehen - zu achten und den Eltern Entfaltungsmöglichkeiten zu belassen.

Im Bereich der Sexualkunde beispielsweise folgt daraus aber kein Recht auf Mitbestimmung der Unterrichtsinhalte, wohl aber eine rechtzeitige und umfassende Information über Inhalt und Didaktik.

Wie Einfluß genommen werden kann

Die Mitwirkung aller an der Schule Beteiligten soll sicherstellen, daß wirklich alle nicht nur Anteil, sondern auch - im Rahmen der gegebenen Grenzen - Einfluß nehmen können. Mitwirkungsrechte sind auch Schülern eingeräumt. Sie können sich zum Beispiel in der Schülervertretung engagieren und auf diese Weise ihre Vorstellungen und Ideen einbringen.

Mitwirkung oder Partizipation umfasst als Begriff zunächst einmal sämtliche Formen der Beteiligung von Eltern, Schülern und Lehrern am Schulbetrieb.

Mitwirkungsrechte umfassen aber nicht nur Einflußmöglichkeiten, sondern auch Anhörungs-, Beratungs- oder Kontrollrechte, mit jeweils unterschiedlichen Einflußintensitäten.

Die Schulgesetze der Länder sehen zwar zunehmend Mitwirkungsbefugnisse vor: Sie erschöpfen sich jedoch im Wesentlichen in einer rein beratenden Funktion. Auch eine paritätische Zusammensetzung vieler Schulkonferenzen täuscht nicht darüber hinweg, daß meist ein deutliches Übergewicht der Lehrer bleibt. Einige Bundesländer sehen deshalb bereits vor, daß das Gewicht von Eltern und Schülern bei 50 Prozent liegt.

Auf Schulebene bestehen Mitwirkungsmöglichkeiten durch die Schülervertretungen.

Die Kreisschülervertretung gibt den einzelnen Schularten die Möglichkeit des Austausches. Jede Schule entsendet stimmberechtigte Mitglieder in das Kreisschülerparlament, das einen Vorstand und einen Kreisschülersprecher wählt. Die Kreisschülervertretung soll der Information und dem Austausch dienen.

Auf Landesebene gibt es dann noch eine Landesschülervertretung.

Beteiligte am Schulsystem 51

Egal, ob auf Klassen-, Schul-, Kreis- oder Landesebene: Möglichkeiten zum Engagement und zur Mitarbeit bestehen und können sowohl von Eltern als auch von Schülern genutzt werden.

Die Mitwirkungs- und Einflußmöglichkeiten von Eltern sind jedoch nicht allumfassend.

Gegenstand von Auseinandersetzungen war in der Vergangenheit beispielsweise oft die Frage, welche Fremdsprachen eine Schule anzubieten und welche Reihenfolge sie dabei zu beachten hat.

Die Versuche der Eltern, auf diese Entscheidungen Einfluß zu nehmen, mußten allerdings daran scheitern, daß die inhaltliche Festlegung der Ausbildungsgänge, Unterrichtsziel und -stoff zu dem staatlichen Gestaltungsbereich gehört. Es gibt keine Verpflichtung seitens der Schule hinsichtlich ihres Sprachangebots, den Wünschen und Vorstellungen von Eltern nachzukommen. Die Abschaffung von Wahlmöglichkeiten verstößt nicht gegen Grundrechte.

Kapitel 6 - Rechte und Pflichten

Die Schulpflicht

In der Bundesrepublik Deutschland gibt es die Schulpflicht, wobei die genaue Ausprägung in den einzelnen Bundesländern nicht einheitlich ist.

Die Schulpflicht gilt im Grundsatz für alle bildungsfähigen Kinder und Jugendlichen, die in einem Bundesland ihren Wohnsitz oder gewöhnlichen Aufenthalt haben. Auf Besonderheiten für Kinder fremder Streitkräfte und Diplomatenkinder soll nicht näher eingegangen werden.

Verantwortlich für die Erfüllung der Schulpflicht sind die Eltern, sie müssen dafür sorgen, daß ihre Kinder regelmäßig und pünktlich die Schule besuchen.

Die Schulpflicht ist durch den Besuch der zuständigen Schule zu erfüllen. Jeder Schüler ist, solange er einer Schule angehört, zur Teilnahme an allen Veranstaltungen dieser Schule verpflichtet, es sei denn es handelt sich um freiwillige Veranstaltungen. Dies gilt auch für Schüler, die nicht mehr der Schulpflicht unterliegen.

Die Teilnahmepflicht bezieht sich zunächst einmal auf den Schulunterricht im engeren Sinne, weiterhin aber auch auf sonstige gemeinschaftliche schulische Veranstaltungen, soweit diese der Unterrichtung und Erziehung der Schüler dienen (z.B. kulturelle, sportliche Aktivitäten) oder mit dem Schulunterricht in unmittelbarem Zusammenhang stehen (z.B. Abschlußfeiern).

Grundsätzlich rechtfertigt auch die Teilnahme an einer Demonstration nicht das Fernbleiben vom Unterricht. Dabei kommt es nicht auf das Demonstrationsziel an. Auch wenn es beispielsweise um das legitime Ziel einer verbesserten Bildungspolitik gehen mag, führt dies nicht zu einer anderen Beurteilung. Auch Schülerstreiks sind ein kollektiver Verstoß gegen die Pflicht zur Teilnahme am Unterricht, mögen auch sie im Einzelfall ein billigenswertes Anliegen verfolgen.

Die allgemeine Schulpflicht schließt nicht aus, einzelne Schüler für einen kurzen Zeitraum von der Teilnahme am Unterricht zu befreien oder allen Schülern hitzefrei zu geben, wenn die klimatischen Bedingungen keinen sinnvollen Unterricht möglich machen.

Ansprüche des Schülers und seiner Eltern können sich insoweit nur aus einer willkürfreien und am Verhältnismäßigkeitsprinzip orientierten Entscheidung ergeben. Dabei kann eine Schule durch ständige Übung, etwa der Richtlinien der Schulbehörde durch Artikel 3 GG, gebunden sein.

Grundsätzlich darf die allgemeine Schulpflicht nicht zur Disposition der Eltern stehen. Dies gilt auch für diejenigen Fälle, in denen Eltern den Ferienanfang oder das -ende nach Belieben gestalten wollen, um ihre Urlaubspläne verwirklichen zu können. Ein Anspruch auf eine positive Entscheidung seitens der Schule besteht nicht.

Die Pflicht zur Teilnahme am Unterricht besteht auch für diejenigen Schüler, die zwar nicht mehr schulpflichtig sind, aber noch eine weiterführende Schule besuchen. Es liegt nicht im Belieben des Schülers zu entscheiden, ob und wie oft er am Unterricht teilnimmt. Ansonsten wäre die Erfüllung des Bildungs- und Erziehungsauftrags gefährdet oder ganz unmöglich gemacht.

Im Grundsatz ist die Unterrichtung von Kindern durch ihre Eltern nicht möglich, auch wenn eine nachweisbar religiöse Motivation diesen Wunsch begründet. Ausnahmen sind nur in sehr begrenztem Umfang und nur bei entsprechenden Leistungskontrollen statthaft.

Da Schule weit mehr ist als ein Ort der reinen Wissensvermittlung und der soziale Aspekt zunehmend Bedeutung erlangt, stehen Behörden und Gerichte dem Wunsch der Eltern, ihre Kinder selbst zu unterrichten, überaus kritisch gegenüber.

Die Grundrechte des Schülers in der Schule

Das Verhältnis von Schülern zu seiner Schule stellt sich als ein Rechtsverhältnis dar, welches durch die verfassungsrechtlichen Gewährleitungen des Grundgesetzes geprägt wird.

Spannungen und Konflikte in der Schule sind dabei zunächst grundsätzlich anhand des einfachen Rechts zu lösen; die Grundrechte wirken jedoch als Wertentscheidungen in die Auslegung einfacher gesetzlicher Vorschriften mit hinein.

Rechte und Pflichten

Im Folgenden soll im Überblick dargestellt werden, welchen Grundrechten besondere Relevanz zukommt.

Die Handlungsfreiheit (Artikel 2 Abs. 1 GG)

Geschützt wird die Entfaltung des Kindes in der Schule sowie die Aus- und Weiterbildung.

Grundsätzlich hat die allgemeine Handlungsfreiheit einen sehr weiten Schutzbereich. Der einzelne Schüler kann sein Persönlichkeitsrecht und seine allgemeine Handlungsfreiheit nur in der Gemeinschaft mit anderen verwirklichen. Es leuchtet daher ein, daß das Recht des einzelnen Schülers durch die Rechte der anderen Schüler eingeschränkt werden muß. Der reibungslose Ablauf des täglichen Schulbetriebes setzt voraus, daß bestimmte Spielregeln existieren, die allgemein anerkannt werden.

Dazu gehören beispielsweise Regelungen für das Betreten und Verlassen des Schulgebäudes, der Aufenthalt in den Klassenräumen, das Rauchen in der Schule etc..

Rechtswidrig sind aber Beschränkungen der allgemeinen Handlungsfreiheit, die unter keinem vernünftigen Gesichtspunkt sachlich zu vertreten sind, so beispielsweise das Schulgebäude trotz starken Regens zu verlassen.

Besonders problematisch sind Beschränkungen der persönlichen Handlungsfreiheit im inneren Bereich oder wenn Stil- und Geschmacksfragen eine Rolle spielen, beispielsweise die aktuelle Frage, ob Mädchen bauchfreie Tops tragen dürfen oder ob bestimmte Marken, die mit rechtsradikalem Gedankengut in Verbindung gebracht werden können, generell verboten werden dürfen.

Im Einzelfall werden die Prinzipien der Verhältnismäßigkeit und der Zumutbarkeit besondere Bedeutung erlangen.

Die allgemeine Handlungsfreiheit des Schülers in der Schule unterliegt nur solchen Beschränkungen, die zur Erreichung eines bestimmten Erziehungsauftrags geeignet sind, weil kein gleich wirksames aber weniger belastendes Mittel zur Verfügung steht. Weiterhin muß das Gewicht des Anliegens und die Dringlichkeit bei einer umfassenden Abwägung die Schwere des Eingriffs rechtfertigen.

Die Meinungsfreiheit (Artikel 5 Abs. 1 S. 1 GG)

Die Meinungsfreiheit ist nicht nur für eine Demokratie besonders wichtig, ihr kommt auch in der Schule wegen der Aufgabe, die Schüler zu Selbstbestimmung und Eigenverantwortung zu erziehen, besonderes Gewicht zu. Der freien Meinungsäußerung der Schüler muß daher, wo immer möglich, Raum gegeben werden.

Wie für alle anderen Menschen findet das Recht der freien Meinungsäußerung dort seine Grenze, wo beispielsweise die gesetzlichen Bestimmungen zum Schutze der Jugend oder das Recht der persönlichen Ehre tangiert werden.

Da ein geregelter Unterricht nicht mehr möglich wäre, wenn jeder Schüler ständig ohne Bezug zum Unterrichtsgegenstand seine Meinung artikulieren dürfte, sind ordnende Beschränkungen der Meinungsfreiheit zulässig. Diese müssen sich aber auf den Zeitpunkt, die Dauer der Äußerung und den sachlichen Zusammenhang mit dem Unterrichtsgegenstand beziehen.

Maßnahmen gegen Schüler außerhalb des zeitlichen und räumlichen Bereichs der Schule sind nur in Ausnahmefällen zulässig, so bei ehrverletzenden Äußerungen, dem Aufruf zum Unterrichtboykott etc.. Diese Beispiele zeigen bereits, daß eine besondere Erheblichkeitsschwelle überschritten werden muß.

Da die Meinungsfreiheit aber nicht nur einem besonders mitteilungsfreudigem Schüler, sondern allen zusteht, sind mit Rücksicht auf einen geordneten Unterrichtsablauf einige Einschränkungen der Meinungsfreiheit zulässig:

- in Hinblick auf den Zeitpunkt der Äußerung

- in Hinblick auf den Umfang

- in Hinblick auf das Thema

Da ein Lehrer versuchen muß, allen Schülern gerecht zu werden, darf er also die Äußerung eines Schülers auf einen späteren Zeitpunkt verschieben, den Schüler auf das zu behandelnde Thema hinweisen und den Schüler zur Begrenzung seines Beitrags anhalten, notfalls seine Äußerung auch unterbrechen.

Rechte und Pflichten

Eine Möglichkeit, der Meinungsfreiheit Raum zu geben, besteht in Form von Schülerzeitungen, die grundsätzlich dem Schutz der Pressefreiheit unterstehen. Dabei wird begrifflich zwischen Schulzeitungen und Schülerzeitungen unterschieden. Schülerzeitungen werden in der Regel ohne verantwortliche Beteiligung von Lehrern erstellt, während Schulzeitungen in der Regel durch Kooperation von Schülern und Lehrern hergestellt werden.

Der den Schülerzeitungen zukommende Schutz der Pressefreiheit ist nicht absolut, sondern findet seine Schranke in den Vorschriften der allgemeinen Gesetze (z.B. Landespressegesetze) oder anderen gesetzlichen Bestimmungen.

Nicht einheitlich beurteilt wird die Frage, ob und inwieweit Schülerzeitungen von Schulleitung oder Lehrern kontrolliert werden dürfen.

Eine Vorzensur wird überwiegend zu Recht abgelehnt, weil so die geistige Mündigkeit nicht geübt werden kann. Auch bei Schülerzeitungen gilt das allgemeine Zensurverbot des Artikel 5 Abs. 1 S. 3 GG. Eine Schülerzeitung bedarf also keiner vorherigen Genehmigung durch die Schulleitung oder die Lehrer.

Anders ist hingegen eine nachträgliche Missbilligung zu beurteilen. Eine solche ist durch die Schulleitung prinzipiell statthaft. Intensität und Konsequenzen müssen dabei das Ergebnis einer Einzelfallentscheidung sein und müssen davon abhängen, wie schwer die Erfüllung des Erziehungs- und Bildungsauftrags der Schule gestört ist und ob weitere Störungen zu befürchten sind.

Der Vertrieb einer Schülerzeitung mit Beiträgen, die gegen die freiheitlich-demokratische Grundordnung gerichtet sind oder die gegen Strafgesetze verstoßen, muß unterbunden werden. Dies gilt gleichermaßen für Veröffentlichungen, in denen einzelne Personen oder Gruppen wegen ihrer Rasse, Religion oder Weltanschauung angegriffen werden oder die einen beleidigenden Inhalt haben.

Wenn dagegen Schüler sich allein im Ausdruck vergriffen haben oder Missstände zu scharf kritisiert haben, ist ein Vertriebsverbot in der Regel nicht statthaft.

Ob Flugblätter oder sonstige Druckschriften im Bereich der Schule verteilt werden dürfen, kann von einer Genehmigung durch die Schulbehörde abhängig gemacht werden. Gerechtfertigt wird dies zum einen mit der Schwierigkeit, den Herausgeber dieser Druckerzeugnisse zu ermitteln und zum anderen mit dem möglicherweise kommerziellen Hintergrund der Verteilung.

Lehrer unterliegen in Bezug auf ihre Meinungsfreiheit gewissen Einschränkungen. So ist es ihnen untersagt, sich werbend für eine Partei zu äußern oder deren Leistungen einseitig darzustellen. Weiterhin kann das Neutralitätsgebot der Schule auch so weit gehen, daß das Tragen von Plaketten mit politischem Inhalt verboten werden kann.

Die Versammlungsfreiheit (Artikel 8 GG)

In einer funktionierenden Demokratie nimmt die Versammlungsfreiheit einen nicht zu unterschätzenden Platz ein; ihr kommt ähnlich zentrale Bedeutung zu wie der Meinungsfreiheit.

Ob und in welchem Umfang sich Schüler außerhalb der Unterrichtszeiten versammeln, demonstrieren oder einer Vereinigung beitreten, hat mit dem Erziehungs- und Bildungsauftrag der Schule grundsätzlich nichts zu tun und ist allein Sache des Schülers und seiner Eltern.

In der Schulzeit gilt etwas anderes: Das Recht der Schüler an einem ordnungsgemäßen Unterrichtsablauf verbietet es grundsätzlich, den Fortgang des Unterrichts zur Disposition demonstrationsfreudiger Schüler zu stellen. Für solche Aktivitäten steht den Schülern ihre Freizeit zur Verfügung.

Unter Berücksichtigung des Verhältnismäßigkeitsgrundsatzes können in Einzelfällen Ausnahmen angebracht sein, wie auch im Rahmen der Teilnahme an kirchlichen oder sportlichen Veranstaltungen, bei Arztbesuchen oder ähnlichem, Unterrichtsbefreiungen gewährt werden.

Schülerstreiks (Unterrichtsboykotts) sind kein zulässiges Mittel, um in Konfliktsituation die Schülerinteressen durchzusetzen.

Das Streikrecht der Arbeitnehmer beruht darauf, daß Arbeits- und Wirtschaftsbedingungen auf Grundlage der Tarifautonomie ausgehandelt

Rechte und Pflichten

werden bzw. erkämpft werden. Dies ist im Schulverhältnis gerade nicht der Fall.

Der Schulstreik ist nichts anderes als das unentschuldigte Fernbleiben vom Unterricht. Die Verpflichtung des Schülers, am Unterricht und sonstigen schulischen Veranstaltungen teilzunehmen, darf auch nicht kollektiv verletzt werden.

Auch wenn es nicht um das Fernbleiben vom Unterricht, sondern „nur" um die kollektive und organisierte Weigerung, am Unterricht mitzuwirken geht, handelt es sich dabei um rechtswidrige Aktionen, da sie die Schule an der Erfüllung ihrer Aufgaben hindern.

Das Gleichheitsgebot (Artikel 3 GG)

Der Gleichheitssatz gebietet, wesentlich Gleiches grundsätzlich gleich zu behandeln, es sei denn, es liegen besondere Gründe, sogenannte sachliche Differenzierungsgründe, vor.

Daraus folgt, daß alle Schüler gleich zu behandeln sind; eine Differenzierung nach Vermögen, Herkunft, religiöser Überzeugung o.ä. ist nicht zulässig. Daher sind beispielsweise Extraaufgaben für einzelne Schüler nur dann zulässig, wenn dafür besondere Gründe (z.B. persönliches Fehlverhalten etc.) vorliegen.

Jede Ungleichbehandlung benötigt daher einen sachlichen Differenzierungsrund. So stellt beispielsweise die Rücksichtnahme auf gesundheitliche Probleme eines Schülers im Rahmen des Sportunterrichts keinen Verstoß gegen den Gleichheitssatz dar. Vielmehr liegt ein sachlicher Differenzierungsgrund vor.

Die Glaubens- und Gewissensfreiheit (Artikel 4 Absatz 1, 2 GG)

Glauben und Gewissen betreffen höchst persönliche Vorgänge, die sich im Inneren eines Menschen abspielen und nicht selten Grundlage existenzieller Entscheidungen und Überlegungen sind. Auch im Bereich der Schule muß es möglich sein, Glaubens- und Gewissensentscheidungen ohne Sorge vor Konsequenzen zu treffen.

Nach Artikel 4 des Grundgesetzes sind die Freiheit des Glaubens, des Gewissens und die Freiheit des religiösen und weltanschaulichen Be-

kenntnisses unverletzlich; die ungestörte Religionsausübung wird gewährleistet.

Dieses Grundrecht besteht aus einem positiven Teil, nämlich einen Glauben oder eine Weltanschauung zu haben und aus einem negativen Teil, kultischen Handlungen eines nicht geteilten Glaubens fernzubleiben.

Daß diese grundrechtlichen Gewährleistungen auch im Schulbereich besondere Bedeutung haben, ist spätestens im Zusammenhang mit der „Kruzifix-Entscheidung" des Bundesverfassungsgerichts in den Blickpunkt der Öffentlichkeit geraten.

Praktische Relevanz kommt diesem Grundrecht aber auch beispielsweise im Rahmen der Befreiung vom Unterricht wegen religiöser Feiern oder bei der Befreiung vom erzieherischen Sportunterricht zu.

Kapitel 7 - Erziehungs- und Ordnungsmaßnahmen

Ihren Erziehungs- und Bildungsauftrag kann die Schule nur dann erreichen, wenn der Unterricht in geordneten Bahnen verläuft. Die zur Aufrechterhaltung der Ordnung erforderlichen pädagogischen Mittel und Maßnahmen müssen der Schule auch rechtlich erlaubt sein.

Während sich Lehrer teilweise über die nach ihrer Auffassung nicht ausreichenden Ordnungsmaßnahmen beklagen, empfinden Schüler diese als noch zu einschneidend.

Je nach weltanschaulicher Grundauffassung oder politischer Überzeugung sind die Auffassungen zu diesem Thema sehr konträr.

Streitfälle in diesem Bereich kreisen häufig um die Frage, was tatsächlich vorgefallen ist und wer daran beteiligt war.

Grundsätzlich gelten auch hier die allgemeinen Beweislastregelungen. Wenn also Vorwürfe der Schule unbewiesen bleiben, geht dies grundsätzlich zu ihren Lasten.

Die Ordnung in der Schule darf kein Selbstzweck sein, sondern ist immer im Zusammenhang mit dem Erziehungs- und Bildungsauftrag der Schule zu sehen.

Privatschulen nehmen mit der Verhängung schulischer Ordnungsmaßnahmen keine vom Staat übertragenen hoheitlichen Befugnisse wahr, sondern ihre eigenen Rechte, die sich aus dem Schulvertrag ergeben.

Die nachfolgenden Ausführungen betreffen also grundsätzlich nur Ordnungsmaßnahmen an staatlichen Schulen.

Ordnungsmaßnahmen dienen zum einen der Erziehung des einzelnen Schülers, der beispielsweise gegen die Schulordnung verstößt, sind aber auch unter generalpräventiven Gesichtspunkten zu sehen.

Ob eine Ordnungsmaßnahme zuvor angedroht werden muß, wird nicht einheitlich beurteilt.

Wird eine Ordnungsmaßnahme aber formal angedroht, liegt ein Verwaltungsakt vor, gegen den mittels Widerspruch und Anfechtungsklage vorgegangen werden muß. Keine Androhung ist aber beispielsweise eine Ermahnung.

62   Erziehungs- und Ordnungsmaßnahmen

Wichtig ist immer die Abgrenzung zwischen den Ordnungsmaßnahmen im engeren Sinne und sonstigen Maßnahmen, die der Aufrechterhaltung der Ordnung in der Schule dienen. Diese sind infolge ihrer geringeren Eingriffsintensität in der Regel nicht mittels einer Klage angreifbar.

Der Verhältnismäßigkeitsgrundsatz

Anknüpfungspunkt für Erziehungs- und Ordnungsmaßnahmen kann grundsätzlich nur das Verhalten in der Schule sein; was die Schüler außerhalb dieses Zeitraums machen, muß sich zumindest im Grundsatz dem Einflußbereich der Schule entziehen.

Für Ordnungsmaßnahmen sind die Einhaltung von Zuständigkeit und Verfahren erforderlich.

Alle Maßnahmen müssen sich am Verhältnismäßigkeitsgrundsatz orientieren, müssen also geeignet, erforderlich und verhältnismäßig im engeren Sinne sein. Wenn also ein milderes, gleich wirksames Mittel zur Verfügung steht, muß dieses gewählt werden. Ein Lehrer ist verpflichtet, grundsätzlich dasjenige Mittel, das die geringsten Konsequenzen für den Betroffenen hat, einzusetzen.

Um ein extremes Beispiel zu wählen: Ein Schüler, der die Unterhaltung mit seinem Nachbarn pflegt, darf nicht der Schule verwiesen werden.

Leistungsverweigerung

In einer demokratischen Gesellschaft ist das Leistungsprinzip elementar, da Demokratie immer aus dem verantwortlichen Handeln und der Mitarbeit vieler Bürger besteht.

Die Schule soll der Leistungsverweigerung vor allem mit pädagogischen Mitteln begegnen, dazu gehören auch Ordnungsmaßnahmen.

Zensuren dagegen dienen allein der Leistungsbewertung; sie sind kein Mittel zur Wahrung der Schulordnung.

Grundlage der Leistungsbeurteilung ist die durch den Schüler erbrachte Leistung. Wenn also ein Schüler der Leistungsaufforderung durch die Schule nicht nachkommt und hat er dies auch zu vertreten,

Erziehungs- und Ordnungsmaßnahmen 63

kann die Note „ungenügend" erteilt werden. Einer der häufigsten Fälle in diesem Bereich ist die Abgabe leerer Zettel bei einer Klassenarbeit.

Die zwangsweise Beendigung des Schulverhältnisses

Wenn ein Schüler, der den Schulbetrieb so schwer und unerträglich stört, daß die Schule ihren Auftrag, den anderen Schülern gegenüber nicht mehr oder nur noch teilweise erfüllen kann, darf die Schule diesen vom Schulbesuch ausschließen.

Rechtsfolge einer **Schulentlassung** ist, daß die Rechtsbeziehungen zwischen Schüler und Schule erlöschen.

Unter Berücksichtigung des Verhältnismäßigkeitsgrundsatzes kann diese Maßnahme jedoch nur das allerletzte Mittel darstellen.

Denkbar ist als weniger schweres Mittel, die Möglichkeit des zeitweiligen Ausschlußes vom Unterricht. Die Dauer muß wiederum vom Verhältnismäßigkeitsprinzip abhängen.

Das Verbleiben eines Schülers kann von seiner Eignung abhängig gemacht werden. Dies gilt auch für lernbehinderte Kinder, deren Förderung auf einer Normalschule nicht hinreichend sichergestellt ist und die deshalb auf eine Sonderschule zu verweisen sind.

Die **Schulverweisung** ist eine qualifizierte zwangsweise Schulentlassung; diese kommt nur bei besonders schwerwiegenden Störungen in Betracht und ist nur zulässig, wenn zu erwarten ist, daß der betroffene Schüler auch für jede andere beliebige Schule eine Gefahr darstellt.

Die Androhung von Entlassung oder Verweisung hat, sofern sie als selbstständige Einzelakte von dem gesetzlichen Katalog der schulischen Ordnungsmaßnahmen erfasst wird, selbstständige Bedeutung. Jede förmliche Ordnungsmaßnahme berührt die Individualsphäre des Schülers und stellt einen Verwaltungsakt dar, gegen den mit Widerspruch und Anfechtungsklage vorgegangen werden kann.

Für den Ablauf bzw. das Verfahren bleibt festzuhalten, daß es keine schematische stufenweise Abfolge von Ordnungsmaßnahmen gibt.

Freiheitsentziehung (Arrest, Nachsitzen)

Der **Arrest** oder früher auch als Karzer bezeichnet, also das Einschließen des Schülers in einem Raum der Schule zumeist außerhalb der Schulzeit, dürfte der Vergangenheit angehören. Diese Maßnahme wird allgemein mit dem Bildungs- und Erziehungsauftrag der Schule als unvereinbar angesehen.

Gegen das **Nachsitzen**, d.h. das Festhalten des Schülers nach Unterrichtsschluß für kürzere Zeit zur Erledigung nicht erbrachter Leistungen, werden vielfach pädagogische Bedenken vorgebracht. Dennoch hat Nachsitzen auch heute noch seinen Katalog der schulischen Ordnungsmaßnahmen.

Die Grenze der rechtlichen Zulässigkeit ist aber dann überschritten, wenn Schüler mit stumpfsinnigen Schreibübungen bestraft werden, so, wenn ein einzelnes Wort zwanzigmal und öfter geschrieben werden soll.

Ausschluß vom Unterricht

Sofern im Schulgesetz vorgesehen, kann diese Ordnungsmaßnahme in Abhängigkeit vom Fehlverhalten des Schülers mit einer Dauer von einer Stunde bis zu einigen Wochen verhängt werden.

Körperliche Strafen

Körperliche Strafen haben im heutigen Schulsystem keinen Platz mehr. Zumeist wird nach den äußeren Umständen die Prügelszene als menschenunwürdig empfunden. Darüber hinaus ist auch der Tatbestand der Körperverletzung erfüllt, so daß von der Verfassungswidrigkeit der Prügelei auszugehen ist.

Bei körperlichen Züchtigungen durch Lehrer, die bereits durch eine Ohrfeige verwirklicht werden können, kommt eine Strafbarkeit wegen Körperverletzung und Disziplinarmaßnahmen in Betracht.

Nicht in diesen Bereich gehören Maßnahmen von Lehrern, die etwa zwei streitende Schüler trennen oder bei einer Prügelei einschreiten wollen.

Weitere Erziehungs- und Ordnungsmaßnahmen

Als weitere Erziehungs- und Ordnungsmaßnahmen seien noch exemplarisch genannt: der Tadel, Eintragungen ins Klassenbuch und eine Vielzahl anderer, die dem Schüler die Grenzen seiner allgemeinen Handlungsfreiheit aufzeigen sollen.

Diese Maßnahmen sind jedenfalls dann rechtswidrig, wenn sie im Vergleich zum Verhalten des Schülers und den zu erwartenden Folgen übermäßig sind und daher den Verhältnismäßigkeitsgrundsatz verletzen.

Dem einzelnen Lehrer steht entsprechend seiner Aufgabe, zur Erfüllung des schulischen Erziehungs- und Bildungsauftrags beizutragen, das Recht zu, Störungen in den Unterrichtsstunden direkt zu begegnen. Dazu gehören auch Gespräche mit den Schülern, die kurzfristige Verweisung eines Schülers aus dem Klassenraum etc.

Die Verweisung eines Grundschülers aus dem Klassenraum begegnet im Hinblick auf die Aufsichtspflicht erheblichen Bedenken, gerade, wenn es sich um sehr junge Schüler handelt.

Unzulässige Maßnahmen

Neben den genannten Maßnahmen gibt es eine Reihe weiterer, vor allem früher gängiger Maßnahmen, die heute als unzulässig eingestuft werden. Diese haben gemeinsam, daß sie meist nur der Bestrafung dienen, aber kein pädagogisches Konzept dahinter erkennen lassen.

Nicht zulässige sind sog. entwürdigende Erziehungsmaßnahmen, wie etwa das Abschreiben von Texten oder eine vielfaches Schreiben desselben Wortes.

Schüler wegen ihres Fehlverhaltens „in-die-Ecke-zu-stellen" ist ebenfalls unzulässig.

Ein Ausschluß eines Schülers von der Teilnahme einer schulischen Veranstaltung (z.B. Klassenfahrt) ist im Grundsatz nicht zulässig.

Lehrer dürfen auch nicht sog. Kollektivmaßnahmen verhängen, also die ganze Klasse oder eine Gruppe von Schülern für das Fehlverhalten eines einzelnen bestrafen. Zulässig ist es dagegen, gegen mehrere Schüler die gleiche Maßnahme zu verhängen.

Kann allerdings der Urheber oder Verursacher einer Tat nicht ermittelt werden, darf nicht die gesamte Klasse zur Rechenschaft gezogen werden.

Ein Beispiel aus der Praxis

Gegen eine Schülerin wurde wegen einer Rangelei mit einem Mitschüler und angeblicher Bedrohung eine Schulordnungsmaßnahme, Ausschluß vom Unterricht für fünf Tage, verhängt.

Gegen diese Maßnahme wurde Widerspruch eingelegt. Im Wesentlichen wurde zur Begründung ausgeführt, daß weder der Sachverhalt sorgfältig ermittelt und Zeugen vernommen wurden, noch die Maßnahme verhältnismäßig ist.

Im Zuge des Verfahrens wurde die Schulakte eingesehen, die offensichtlich nachträglich um fragwürdige Vorfälle ergänzt wurde. Dabei hatte sich die Schule so wenig Mühe gegeben, daß die Daten auf den Briefen solche in der Zukunft trugen oder keinerlei Bezug zu den im Text genannten aufwiesen.

Angesichts dieses klaren Sachverhalts wurde die Maßnahme aufgehoben, die Schulakte von den betreffenden Dokumenten „gesäubert" und die durch die anwaltliche Vertretung verursachten Rechtsanwaltskosten seitens der Widerspruchsbehörde übernommen.

Daher mein Tip: Bei Unstimmigkeiten mit der Schule, vor allem aber bei der Verhängung von Ordnungsmaßnahmen, sollte unbedingt die Schulakte eingesehen werden. Darin finden sich häufig Anknüpfungspunkte für eine weitere Argumentation.

Prozessuale Fragestellungen

Rechtsschutzmöglichkeiten gibt es auch im Bereich der Schulpflicht und des schulischen Ordnungsrechts.

Grundsätzlich ist dafür der Verwaltungsrechtsweg eröffnet.

Etwas anderes gilt für Privatschulen. Der Anspruch auf Aufnahme in eine Privatschule oder Abwehr einer Ordnungsmaßnahme richten sich

Erziehungs- und Ordnungsmaßnahmen 67

nach dem privatrechtlichen Schulvertrag und sind daher vor den Zivilgerichten geltend zu machen.

Ein rechtsschutzfreier Raum im Bereich des Schulverhältnisses läßt sich weder mit den Überlegungen des besonderen Gewaltverhältnisses noch Erwägungen dahingehend rechtfertigen, daß Bildung und Erziehung sich nicht exakten rechtlichen Regelungen unterordnen lassen.

Auch das Schulverhältnis ist eine Rechtsbeziehung zwischen einer Privatperson und dem Träger öffentlicher Gewalt.

Maßnahmen der Schulbehörde, die der Durchsetzung der Schulpflicht, ihrer Erfüllung und Beendigung dienen, sind Verwaltungsakte, gegen die mit der Anfechtungsklage vorgegangen werden kann.

Geht es um die Aufnahme in die Schule ist der begünstigende Verwaltungsakt mittels der Verpflichtungsklage zu erstreiten.

Andere Zwangs- und Ordnungsmaßnahmen, beispielsweise pädagogisch motivierte Hinweise und Anregungen haben in der Regel keine Verwaltungsaktsqualität und sind daher auch nicht isoliert anfechtbar. Etwas anderes gilt aber dann, wenn eine bestimmte Erheblichkeitsschwelle überschritten wird, was bei förmlichen Ordnungsmaßnahmen der Fall ist. In diesen Fällen ist die erforderliche Rechtsrelevanz gegeben.

Kapitel 8 - Unterrichtsgestaltung

Das Interesse und die Mitarbeit der Schüler im Unterricht sind in hohem Maße abhängig von Gestaltung und Präsentation des zu vermittelnden Stoffs. Nicht nur die Vorstellungen und Interessen von Lehrern und Schüler divergieren häufig, auch die der Lehrpläne in den einzelnen Bundesländern sind nicht einheitlich.

Die Bestimmung der konkreten Unterrichtsinhalte ist keine rechtliche, sondern vielmehr eine wissenschaftlich-pädagogische Fragestellung. Dennoch gibt es auch im Bereich des Schulunterrichts keinen rechtsfreien Raum. Lehrer unterliegen rechtlichen Bindungen bei der Gestaltung ihres Unterrichts. Diese sind den geltenden Gesetzen und Rechtsverordnungen zu entnehmen. Da aber deren Regelungen abstrakt formuliert sind, sind sie in hohem Maße auslegungsbedürftig.

Das Recht der Eltern wird dadurch gewährleistet, daß der Staat schulische Organisationsformen schafft, die den unterschiedlichen Begabungen Rechnung tragen. Findet eine Vereinheitlichung der Organisationsformen bei weiterführenden Schulen (Gesamtschule) statt, muß zumindest innerhalb der Schule das Wahlrecht der Eltern erhalten bleiben.

Das Differenzierungsgebot verlangt, daß der Schulunterricht inhaltlich den verschiedenen Richtungen persönlicher Begabungen Rechnung trägt. Diesem Gebot würde ein Schulsystem widersprechen, daß zwar eine formale Gliederung aufweist, aber aufgrund der für die Schulstufen aller Schularten einheitlichen Lehrpläne keine Differenzierungsmöglichkeiten mehr aufweist.

Als ein weiteres wichtiges Rechtsprinzip der Unterrichtsgestaltung ist das Toleranzprinzip zu nennen. Ziel soll sein, Schülern eine tolerante Geisteshaltung zu vermitteln und sie zu tolerantem Sozialverhalten zu erziehen. Bei Spannungen zwischen elterlicher und schulischer Erziehung muß unter Berücksichtigung des Toleranzgebots ein Ausgleich gefunden werden.

Inhaltlich verlangt das Toleranzgebot bei der Bestimmung von Zielen und Inhalten die Offenheit für eine Vielzahl von Anschauungen. Auch wenn eine absolute Neutralität ein wohl rein theoretisches Konstrukt

bleiben muß, ist eine angemessene Rücksichtnahme auf die in einer pluralistischen Gesellschaft sehr unterschiedlichen Auffassung gefordert.

Der Lehrer soll also bei der Auswahl und Wertung der einzelnen Unterrichtsinhalte auf eine umfassende und ausgewogene Darstellung achten. Unzulässig ist beispielsweise das aktive Werben für eine bestimmte Partei.

Die Schüler sollen zu einer positiven Einstellung gegenüber der freiheitlichen demokratischen Grundordnung des Grundgesetzes erzogen werden.

In der öffentlichen Diskussion wird in regelmäßigen Abständen immer wieder die Frage diskutiert, wie es um die Werte einer Gesellschaft bestellt ist. In diesem Kontext wird dann auch gerne die Vermittlung christlicher Werte gefordert.

Bildung und Erziehung berühren auch immer religiöse und weltanschauliche Fragen.

In den (öffentlichen) Bekenntnisschulen werden Kinder zumeist des katholischen oder evangelischen Glaubens nach den Grundsätzen des jeweiligen Bekenntnisses unterrichtet und erzogen. Soweit in diesen Schulen die Erfüllung der allgemeinen staatlichen Bildungsaufgaben sichergestellt ist, dürfen die dort tätigen Lehrer sich auch aktiv für das Bekenntnis einsetzen, also mit den Schülern beten oder den Schulgottesdienst feiern.

Wenige Inhalte stehen so sehr im Spannungsfeld von Schule und Elternhaus wie die Sexualerziehung, da sie enge Bezüge zur Persönlichkeitssphäre aufweist. Gerade bei Kindern aus Elternhäusern, die eine sehr religiöse Erziehung pflegen, können Vorbehalte gegen die Vermittlung von Themen sexueller Natur so weit gehen, daß sie ihre Kinder im Extremfall selbst unterrichten und nicht mehr in die Schule schicken.

Die Sexualerziehung in der Schule soll informieren, sie soll auf Gefahren hinweisen und nicht zuletzt auch pädagogisch leiten.

Die Schule ist also berechtigt und verpflichtet, die Kinder über alle mit der Sexualität zusammenhängenden Fragen zu informieren, während Sache des Elternhauses die Bestimmung religiöser und ethischer Grundpositionen ist.

Die Sexualerziehung in der Schule ist weder von einer Zustimmung der Eltern abhängig, noch können diese die Befreiung ihres Kindes vom Unterricht verlangen. Ausgeglichen wird dieses Defizit elterlicher Einwirkungsmöglichkeiten durch besondere Zurückhaltung der Schule im Hinblick auf Stoffauswahl und Darstellungsart.

Gewünscht ist ein Zusammenwirken zwischen Schule und Elternhaus, das eine rechtzeitige Information der Eltern voraussetzt.

Wichtig zu wissen ist, daß die Sexualerziehung weder der Zustimmung der Eltern bedarf noch von ihrer Zustimmung abhängig ist.

Schon aus tatsächlichen Gründen ist gerade bei fächerübergreifendem Unterricht ein solches Vorgehen schon aus rein praktischen Gründen nicht durchführbar.

Die in den einzelnen Verfassungen und Schulgesetzen aufgezählten Erziehungsziele umfassen auch und gerade Werte wie Demokratie, Freiheit, Frieden etc.. Da Schule die Persönlichkeitsentwicklung junger Menschen dahingehend beeinflußen soll, daß diese zu einem selbstverantwortlichen Mitglied der Gesellschaft werden, müssen auch politische Aspekte behandelt werden. Der Name des Fachs Staatsbürgerkunde, Gemeinschaftskunde, Wirtschaft und Politik, wird in den Bundesländern nicht einheitlich gehandhabt.

Politscher Unterricht findet in vielen Fächern, teils auch fächerübergreifend statt.

Rechtsprinzipien für die Inhalte und Gestaltung des Unterrichts ergeben sich aus dem Toleranzgebot einer positiven Einstellung gegenüber den Grundwerten des Grundgesetzes.

Aus dem Toleranzgebot und der Verpflichtung, Schüler zur positiven Einstellung gegenüber der freiheitlichen, demokratischen Grundordnung des Grundgesetzes zu erziehen, folgt die Verpflichtung der Schule, sich unterschiedlichen Wertvorstellungen gegenüber offen zu verhalten und parteipolitische Neutralität zu wahren. Streitfragen sollen umfassend und offen dargestellt werden.

Lehrern ist es grundsätzlich untersagt, für ihre eigenen politischen Überzeugungen offen einzutreten und dafür zu werben. Vielmehr sollen die Schüler lernen, sich ein eigenes Urteil zu bilden und so in die Lage

versetzt werden, durch eigene Überzeugungsbildung am politischen Prozeß aktiv mitzuwirken.

Im Bereich von Auseinandersetzungen im Hinblick auf Unterrichtsgestaltung und -inhalten handelt es sich um eine öffentlich-rechtliche Streitigkeit mit der Konsequenz, daß die Verwaltungsgerichte zuständig sind.

Bei Privatschulen sind für die Auseinandersetzungen in Bezug auf Abwehr- und Unterlassungsansprüche gegen Unterrichtsinhalte die Zivilgerichte zuständig.

Ein grundsätzliches Problem ergibt sich im Bereich der gerichtlichen Kontrolle. Es ist eine Frage des Einzelfalls, ob die Schwelle zu einer Rechtsbeeinträchtigung bereits überschritten ist. Eine ungeschickte pädagogische Maßnahme allein reicht nicht aus, sie muß auch die Rechtsstellung des Schülers tangieren. Bei Klagen gegen rechtswidrigen Schulunterricht kommt die allgemeine Leistungsklage in Form der UntErlaßungsklage in Betracht. Möglich kann im Einzelfall auch die reine Feststellung sein, daß der Unterricht rechtswidrig ist.

Kapitel 9 - Prüfungsrecht

Prüfungen im weitesten Sinne ermöglichen die Kontrolle bereits erworbenen Wissens und die einheitliche Beurteilung des Leistungsstandes.

Jeder Mensch durchläuft in seinem Leben eine Vielzahl von Prüfungen, Tests und Leistungskontrollen, die über Wissen, Fähigkeiten und Fertigkeiten Auskunft geben sollen. Prüfungen werden vielfach mit dem Gefühl des „Ausgeliefertsein", mit Sorgen und Ängsten assoziiert. Für viele scheint gerade das Prüfungsrecht an Schulen ein vollkommen rechtsfreier Raum zu sein, in dem die Lehrkräfte frei und ohne irgendwelche Vorgaben schalten und walten können.

Dies ist nicht der Fall. Gerade das Ergebnis einer schulischen Abschlußprüfung spielt die zentrale Rolle im Lebenslauf eines Menschen, entscheidet allein sie häufig über die Erlangung von Ausbildungs- oder Studienplätzen.

Angesichts der Entwicklungen auf dem Arbeitsmarkt sind die Bedeutung und der Einfluß von Abschlußnoten auch in der Zukunft nicht hoch genug einzuschätzen.

Negative Prüfungsentscheidungen haben in der Regel Auswirkungen auf die spätere Berufswahl, so daß Artikel 12 des Grundgesetzes, die Berufsfreiheit, tangiert ist.

Fragen im Bereich des Prüfungsrechts lassen sich grob in drei Kategorien unterteilen: Verfahrensfragen, Fragen den Gegenstand der Prüfung betreffend und die Beurteilung der Prüfungsleistungen.

Die Prüfung ist ein Vorgang, der sich nicht wiederholen läßt und die im Kern auf der persönlichen Einschätzung und Wertung des Prüfers beruht. Um das Defizit an Grundrechtsschutz auszugleichen, sind besondere Anforderungen an die Zuständigkeits- und Verfahrensfragen zu stellen, beispielsweise in Hinblick auf den äußeren Ablauf oder die Qualifikation des Prüfers.

Wichtigster Grundsatz im Prüfungsrecht ist die Chancengleichheit. Sie verlangt eine Formalisierung des Prüfungsrechts nach feststehenden Regelungen. Jeder Prüfling ist dabei gleich zu behandeln; für eine Ungleichbehandlung müssen besondere Gründe vorliegen, z.B. Krankheit.

Die eigentliche Prüfungsentscheidung besteht zu einem Großteil aus Wertungen, die nicht oder nur stark eingeschränkt kontrollierbar sind. Aus diesem Grund müssen besondere Anforderungen an die äußeren Bedingungen des Prüfungsablaufs gestellt werden.

Im Prüfungswesen gilt in besonderem Maße der Grundsatz des Vertrauensschutzes, der den Prüfling vor unliebsamen Überraschungen schützen soll und zur rechtzeitigen Information anhält. Jeder Prüfling kann verlangen, in angemessener Weise über die Vorgänge in der Prüfung/Leistungskontrolle informiert zu werden, soweit dies mit deren Sinn und Zweck vereinbar ist.

Die Frage, inwieweit ein Anspruch der Eltern darauf besteht, von versetzungsgefährdenden Leistungen ihres Kindes Mitteilung zu erhalten (Vorwarnung), wird nicht einheitlich beurteilt. Die Tendenz dürfte aber dahin gehen, daß zwar ein Rechtsanspruch der Eltern nicht besteht; soweit Eltern aber ihr Recht auf Mitwirkung an der schulischen Ausbildung ihres Kindes - z.B. durch Nachhilfe o.ä.- verwirklichen können, besteht eine Informationspflicht der Schule.

Hat die Schule ihre Informationspflicht verletzt, also eine Vorwarnung nicht ausgesprochen oder die Eltern zu spät informiert, so daß Abhilfe nicht mehr möglich war, so ist die Nichtversetzung wegen der Leistungen in diesem Fach rechtswidrig. Ob ein Aufsteigen in die nächst höhere Klasse möglich ist, muß innerhalb der Klassenkonferenz entschieden werden. Voraussetzung ist, daß der Schüler in der Lage ist, in der nächsten Klasse erfolgreich mitzuarbeiten.

Wie die Leistung eines Schülers inhaltlich einzuschätzen und zu bewerten ist, beurteilt der Lehrer anhand fachlicher, pädagogischer und wissenschaftlicher Kriterien. Daß diese Beurteilung in höchstem Maße subjektiv ist, leuchtet ein und ist auch gewollt.

Während bei Abschlußprüfungen in der Regel die Arbeiten von einem Zweitkorrektor durchgesehen werden, unterliegen Klassenarbeiten und Klausuren nur der Kontrolle durch die unterrichtende Lehrkraft.

Bei Prüfungen (z.B. Abitur) und prüfungsähnlichen Entscheidungen (z.B. Versetzung in die nächst höhere Klasse) wird Lehrern ein sogenannter Beurteilungsspielraum eingeräumt. Dies bedeutet, daß bestimmte Bereiche der gerichtlichen Kontrolle entzogen sein müssen.

Innerhalb eines gerichtlichen Verfahren wird nur überprüft, ob

- der Sachverhalt vollständig und zutreffend ermittelt wurde

- sachfremde Erwägungen angestellt wurden

- das Gleichbehandlungsgebot beachtet wurde

- offensichtliche Einschätzungs- oder Bewertungsfehler vorliegen.

Der Beurteilungsspielraum wird seitens der Rechtsprechung damit begründet, daß es sich bei Prüfungen um fachlich-wissenschaftliche, im Schulbereich auch um pädagogische Bewertungen handelt.

Darüber hinaus ist die Prüfungssituation meist nicht wiederholbar und für die nachträgliche gerichtliche Beurteilung fehlt der im Einzelfall notwendige Vergleich mit den Prüfungsleistungen anderer Prüflinge.

Deshalb findet keine inhaltliche Kontrolle statt; vielmehr wird nur anhand der oben genannten Kriterien überprüft.

Auch wenn diese eingeschränkte Prüfungskompetenz des Gerichts abschrecken mag, muß man sich einmal verdeutlichen, daß damit schon ein nicht unerheblicher Bereich von Bewertungsfehlern abgedeckt wird.

Die Verpflichtung, allen Prüflingen äußere Chancengleichheit zukommen zu lassen, verlangt eine Formalisierung des Prüfungsverfahrens. Daher kann die Verletzung von Zuständigkeits- oder Verfahrensvorschriften zu Mängeln im Prüfungsverfahren führen.

Gerade im Bereich des Prüfungsverfahrens gewinnt das Recht auf Akteneinsicht besondere Bedeutung.

Wie im Verwaltungsverfahren üblich (§ 13 Verwaltungsverfahrensgesetz), sind zur Akteneinsicht berechtigt: die Beteiligten, alle diejenigen, die Adressat eines Verwaltungsaktes sind, oder die einen solchen beantragt haben. Minderjährige Schüler müssen sich in der Regel von ihren Eltern vertreten lassen.

Voraussetzung der Akteneinsicht ist ein rechtliches Interesse. Grundsätzlich ist die Behörde befugt, die Einsicht mit Hinweis auf die Beeinträchtigung bei der ordnungsgemäßen Erfüllung ihrer Aufgaben oder aus Geheimhaltungsgründen zu untersagen. An eine solche Verweigerung

sind jedoch strenge Anforderungen zu stellen, die auch in der Begründung dargelegt werden müssen.

Im Hinblick auf die überragende Bedeutung von Noten in schulischen Abschlußprüfungen für den Arbeitsmarkt, sind bei begründeten Zweifeln an deren Ordnungsgemäßheit die zur Verfügung stehenden Rechtsschutzmöglichkeiten aktiv und selbstbewusst wahrzunehmen.

Gerade im Prüfungsrecht gibt es vielfach Missverständnisse im Hinblick auf den Umfang der gerichtlichen Überprüfung. Fällt der Versuch einer außergerichtlichen Streitbeilegung negativ aus und soll versucht werden, mit gerichtlicher Hilfe eine Entscheidung herbeizuführen, ist es wichtig, sich keine falschen Vorstellungen zu machen. Die Entscheidung eines Lehrers, beispielsweise in Hinblick auf eine Abschlußnote, soweit diese isoliert angreifbar ist, wird nicht umfassend, sondern vielmehr anhand einiger Kriterien überprüft.

Gerichte werden zunehmend mit Fragen aus dem Prüfungsrecht befaßt, bei denen es auch um Konstellationen geht, in denen ein Schüler nicht versetzt wurde.

Leistungsbewertungen öffentlicher Schulen tragen stets öffentlichrechtlichen Charakter. Daher ist der Verwaltungsrechtsweg eröffnet.

Obwohl das Rechtsverhältnis zwischen einem Schüler und dem Träger privatrechtlich ausgestaltet ist, können Prüfungs- und Versetzungsentscheidungen an staatlichen Ersatzschulen vor den Verwaltungsgerichten ausgefochten werden. Dies gilt jedenfalls dann, wenn sie insoweit öffentliche Aufgaben wahrnehmen und an der Erfüllung des allgemeinen Bildungsanspruchs mitwirken.

Gegenstand der gerichtlichen Kontrolle sind im Bereich der Leistungsbewertung die Rechtmäßigkeit von Prüfungs- und Versetzungsentscheidungen.

Überprüfbar sind allerdings nur abschließende Entscheidungen, nicht dagegen unselbstständige Einzelbewertungen wie Klassenarbeiten, Vorzensuren oder sonstige vorbereitende Maßnahmen. Einzelnoten können dann angefochten werden, wenn der Kläger geltend machen kann, daß er gerade durch diese Note in seinen Rechten verletzt wird (z.B. Studienplatzwahl, Berufswahl, Wahl der Ausbildungsstätte).

Prüfungsrecht 77

Entgegen einer weit verbreiteten Meinung handelt es sich bei den Verwaltungsgerichten nicht um „Superprüfungsausschüsse". Sie kontrollieren lediglich, ob sich das öffentliche Prüfungswesen auf der Grundlage und im Rahmen des Rechts vollzieht. Innerhalb dieses Rahmens werden Prüfungsentscheidungen nach fachlich-wissenschaftlichen Kriterien bewertet, die sich der gerichtlichen Kontrolle weitgehend entziehen.

Der Grund dafür ist darin zu sehen, daß die berufenen Prüfer ein höchstpersönliches Fachurteil abgeben. In diesem Bereich ist ihnen ein Bewertungs- und Einschätzungsvorrecht, der sogenannte Beurteilungsspielraum eingeräumt.

Die gerichtliche Kontrolle ist im Wesentlichen darauf ausgerichtet:

- ob das Verfahren ordnungsgemäß durchgeführt worden ist

- ob die Prüfer von zutreffenden Tatsachen ausgegangen sind

- ob allgemein anerkannte Bewertungsmaßstäbe beachtet wurden

- ob keine sachfremden Erwägungen mit eingeflossen sind

- ob die Bewertung gerechtfertigt und nicht willkürlich ist

Prüfungsentscheidungen sind wie folgt aufgebaut:

1.Teil: Dieser dient der Bestimmung der rechtlichen Voraussetzungen für das Bestehen der Prüfung

2.Teil: Er besteht aus der Ermittlung der Leistungen und Fähigkeiten des Schülers/Prüflings

3.Teil: Er umfasst die Wertung, ob der Schüler die Voraussetzungen für das Bestehen der Prüfung erfüllt hat

Ziel vieler, wenn nicht der Mehrzahl von Klage in diesem Bereich ist das Bestehen der Prüfung, die Versetzung in die nächst höhere Klasse oder die Verbesserung einzelner Prüfungsleistungen.

Statthafte Klageart ist also die Verpflichtungsklage, mit dem Antrag, z.B. die Schule zu verurteilen, einen Verwaltungsakt mit einem bestimmten Inhalt zu erlassen.

Soweit Gegenstand die Verbesserung von Einzelnoten in bestimmten Fächern, Zeugnissen oder Teilabschnitten der Prüfung sind, muß be-

rücksichtigt werden, daß mit der Anfechtungs- oder Verpflichtungsklage grundsätzlich nur um Verwaltungsakte gestritten werden kann. Einzelbewertungen in Form von Klassenarbeiten oder Einzelnoten sind aber häufig nur unselbstständige Bestandteile einer Gesamtbewertung. Ein solcher unselbstständiger Teil ist kein Verwaltungsakt; eine gerichtliche Kontrolle ist also nur dann ausnahmsweise möglich, wenn Rechtsfolgen auch an die Einzelnote geknüpft werden, was regelmäßig nur sehr selten der Fall ist.

Die Verbesserung der einzelnen Fachnote kommt ferner in Betracht, wenn diese rechtsrelevant ist.

Die Leistungsklage oder Unterlassungsklage ist auch die statthafte Klageart, wenn es um bestimmte Angaben im Zeugnis geht (z.B. Sozialverhalten).

Sollten Bewertungsfehler (z.B. falsche Tatsachen wurden zugrunde gelegt, sachfremde Erwägungen wurden angestellt oder allgemein gültige Bewertungsmaßstäbe wurden verletzt) geltend gemacht werden, ist der Anwendungsbereich der Verpflichtungsklage oder der allgemeinen Leistungsklage eröffnet.

Die angefochtene Prüfungsentscheidung ist wegen der aufschiebenden Wirkung der Klage bis zur rechtskräftigen Gerichtsentscheidung ohne Rechtswirkung; ist die Klage erfolgreich, hebt das Gericht sie auf. Zusätzlich verpflichtet das Gericht - je nach Antrag - die Schule, das fehlerhafte Prüfungsverfahren zu wiederholen oder erklärt im Falle eines Bewertungsfehlers die Prüfung für bestanden.

Im Prüfungswesen besitzt der vorläufige Rechtsschutz eine nicht zu unterschätzende Bedeutung. Er findet statt durch den Erlaß einstweiliger Anordnungen, die vorläufige Regelungen treffen. Problematisch ist, daß der vorläufige Rechtsschutz im Prüfungswesen dann, wenn er effektiv sein soll, nicht umhin kann, die Hauptsache vorwegzunehmen. Auch wenn ein solcher Vorgriff im Allgemeinen unzulässig ist; im Prüfungswesen ist eine Vorwegnahme dann zulässig, wenn der Rechtsschutz ansonsten leerzulaufen droht und die Klage über die erforderliche Erfolgsaussicht verfügt.

Prüfungsrecht 79

Im Rahmen der Zulässigkeit einer Klage sind weitere Fragen zu klären. Die örtliche Zuständigkeit richtet sich danach, in welchem Bezirk die umstrittene Prüfungs- oder Versetzungsentscheidung getroffen wurde.

Klagebefugt ist grundsätzlich der Schüler; im Falle seiner Minderjährigkeit muß er sich durch seine Eltern vertreten lassen. Diesen kommt dann eine selbstständige Klagebefugnis zu, wenn ihr Elternrecht betroffen ist.

Die Versetzung in die nächst höhere Klasse ist in erster Linie abhängig vom Erreichen eines vorgegebenen Leistungs- oder Ausbildungsziels und erfordert die Prognose, daß der Schüler in der nächst höheren Klasse voraussichtlich erfolgreich mitarbeiten kann.

In diesem Zusammenhang ist wiederum zu bedenken, daß die Entscheidung über die Versetzung eines Schülers auch von pädagogischen Erwägungen bestimmt wird, und die Prognose im Hinblick auf den Erfolg in der nächst höheren Klasse eine individuelle Einschätzung erfordert.

Die Entscheidung über die Versetzung/Nichtversetzung stellt einen Verwaltungsakt dar.

Beim Vorgehen gegen die Entscheidung über die Nichtversetzung ist also zu berücksichtigen, daß eine gerichtliche Überprüfung nur anhand der oben genannten Kriterien erfolgen kann. Ein mit dieser Frage befaßtes Gericht stellt keine Überlegungen in Hinblick auf die Qualität des Unterrichts o.ä. an und fällt keine eigene Entscheidung in Hinblick auf den Leistungsstand des Schülers.

§ 20 Verwaltungsverfahrensgesetz normiert, daß Befangenheit zum Ausschluß eines Amtsträgers führt. Diese Bestimmung findet auch im Schulverhältnis Anwendung.

Neben der Nennung, welche Personen ausgeschlossen sind (Familienangehörige), bestimmt § 21 des Verwaltungsverfahrensgesetzes, daß bei der Besorgnis der Befangenheit, also dann, wenn ein Grund vorliegt, der geeignet ist, Mißtrauen gegen eine unparteiische Amtsausübung zu rechtfertigen, ein Ausschlußgrund besteht.

Auf diese Weise werden die für eine Prüfung elementare Chancengleichheit und ein faires Verfahren gewährleistet.

Geprüft werden muß dann im Einzelfall, ob aus Sicht eines verständigen Prüflings, die Sorge der Befangenheit berechtigt ist, ob also der betreffende Lehrer nicht unparteiisch und unvoreingenommen entscheiden wird.

Allerdings ist ein konkreter Grund erforderlich; allein nicht ausreichend sind Befürchtungen ganz allgemeiner Art.

Ein Beispiel aus der Praxis

Einem Abiturient wurde mitgeteilt, er brauche in seiner mündlichen Prüfung noch vier Punkte, um sein Abitur zu bestehen. Er erreichte die vier Punkte. Weniger Stunden später erreichte ihn ein Anruf auf seinem Handy, man habe sich leider verrechnet und er sei nunmehr durchgefallen.

Nach Einlegung des Widerspruchs und Auswertung der vollkommen unzureichend geführten Prüfungsprotokolle wurde dem Schüler die Möglichkeit gegeben, die mündliche Prüfung zu wiederholen und er erreichte neun Punkte.

Mein Tip: Gerade bei Abschlußprüfungen bietet es sich an, die Prüfungsakte und vor allem die darin enthaltenen Prüfungsprotokolle einzusehen. Nur selten genügen diese den an sie gestellten Anforderungen und geben damit Argumentationsmöglichkeiten für die Begründung des Widerspruchs. Die Nachlässigkeit der Prüfungskommissionen bei der Führung hilft dem Widerspruch nicht selten zum Erfolg.

Vielfach finden sich auch Verfahrensfehler, so beispielsweise dann, wenn nicht dokumentiert wird, ob der Schüler nach seiner gesundheitlichen Verfassung gefragt wurde. Aber auch dann, wenn nicht erkennbar ist, welche Fragen dem Prüfling gestellt und wie dieser darauf geantwortet hat, finden sich Angriffspunkte.

Mitwirkungsmöglichkeiten 81

Kapitel 10 - Mitwirkungsmöglichkeiten

Gute Bildungs- und Erziehungsarbeit ist eine gemeinschaftliche Aufgabe von Familie und Schule. Je mehr Eltern bereit sind, ihr Interesse, Engagement und ihren Sachverstand mit einzubringen, desto mehr läßt sich im schulischen Bereich auch im Sinne der Eltern verändern und voranbringen.

Die Mitwirkung von Eltern kann auf verschiedenen Ebenen stattfinden.

Eine Möglichkeit, sich zu artikulieren, besteht auf den Elternabenden (Elternversammlungen), auf Schulebene gibt es einen Schulelternbeirat, auf Kreisebene einen Kreiselternbeirat und auf Landesebene einen Landeselternbeirat.

Diese Gremien bestehen nur aus Eltern; ihnen kommt nur eine beratende Funktion zu.

Echte Mitwirkungsmöglichkeiten bestehen auf den Klassen- und Schulkonferenzen, bei denen Eltern auch Beschlußrechte haben.

Gerade die Elternbeiräte bieten in vielen Bundesländern Hilfestellungen und Ansprechpartner für betroffene Eltern und Schüler an. Vielfach sind sie auch im Internet vertreten. Im Serviceteil finden Sie eine Zusammenstellung nach Bundesländern geordnet.

> *Mein Tip: Nutzen Sie den Austausch. Häufig trägt es bei Problemen schon zur Beruhigung bei, wenn Sie hören, daß sie mit einem Problem nicht allein sind.*

Das Informationsrecht

Seitens der Eltern wird häufig die völlig unzureichende Informationspolitik der Schule gerügt; sie komme einfach zu wenig an. Informationen erreichen sie entweder nur zufällig, viel zu spät oder auf Umwegen. Über die Ursachen dieser Problematik soll an dieser Stelle nicht spekuliert werden, obwohl sich der Eindruck aufdrängt, als sei das Informationsinteresse der Schulen auch nicht besonders ausgeprägt.

Aus dem Elternrecht folgt aber ein Informationsrecht, das Eltern in die Lage versetzt, von schulischen Abläufen und Geschehen Kenntnis zu nehmen und Anregungen und Kritik anzubringen.

Die konkrete Ausgestaltung der Elterninformation ist Sache des Schulträgers oder der Schule. Sie kann beispielsweise durch Rundschreiben oder Informationsveranstaltungen gelingen.

Grundsätzlich steht Eltern aber das Recht zu, über die Lernfortschritte und die soziale Entwicklung ihrer Kinder informiert zu werden.

Mein Tip: Fragen Sie gezielt nach und nehmen Sie dabei bewußt in Kauf, Lehrer mit Arbeit zu belasten. Sie haben ein Recht darauf!

Ein Fall aus der Praxis

Eine stille, durchschnittliche Schülerin der 11. Klasse wird zwei Tage vor den Halbjahreszeugnissen darüber informiert, daß sie *sofort* die Schule verlassen soll. Auch der Mutter gegenüber wird wörtlich mitgeteilt, daß jeder weitere Tag auf der Schule verloren sei, weil die Lücken fächerübergreifend zu groß seien. Jeder weitere Tag sei einer zu viel.

Obwohl die Schülerin mit ihren Noten durchaus hätte versetzt werden können, wurde mit ihr weder erörtert, ob eine Wiederholung in Betracht kommt oder welche Alternativen noch bestehen. Ähnliche Warnungen hatte es in der Vergangenheit nicht gegeben.

Die Schülerin hat diese Einschätzung der Schule als Sackgasse empfunden und sich am Tag nach den Zeugnissen das Leben genommen.

Auch wenn man nicht wird sagen können, daß die Lehrer mit einer solchen Reaktion hätten rechnen müssen, zeigt sie einmal mehr, wie wichtig die Kooperation der Schule mit den Schülern und ihrem Elternhaus ist. In diesem konkreten Fall gab es - mit Ausnahme dieses einen Gesprächs - keine zuvor.

Für die betroffene Schülerin kommt jede Einsicht zu spät – und dennoch versagten die verantwortlichen Lehrer auch nach Ihrem Tode.

Der sog. „Erfurter-Fall" zeigt es: Schüler sind manchmal nicht in der Lage, eine von der Schule getroffene Entscheidung zu akzeptieren – und begegnen dieser dann mit dem Tod.

Dies wird man vor allem dann nicht verhindern können, wenn man Schüler damit überfordert, sie vor den Kopf stößt und sie letztlich allein

Mitwirkungsmöglichkeiten 83

läßt. Es wird viel davon abhängen, wie eine getroffene Entscheidung vermittelt und erklärt wird. Und schon sind wir wieder bei einer der größten Schwierigkeiten an deutschen Schulen: der mangelnden Kommunikation.

Es zeigt sich einmal mehr, welche Bedeutung der Informationspflicht zukommt und wie ernst und verantwortungsvoll man damit umgehen sollte.

Elterninitiativen

Im Zeitalter knapper Kassen sind viele Schulen zunehmend auch auf Elterninitiative angewiesen, um beispielsweise im Rahmen von Schulfesten, Ganztagsbetreuung, Projektwochen oder um dringend benötigte Renovierungen durchführen zu können.

Vieles ist heute ohne persönliches Engagement von Eltern nicht mehr denkbar.

Unabhängig von der Art des konkreten Projekts stellt sich immer wieder die gleiche Frage: Wie motiviere ich meine Mitmenschen?

Das Patentrezept wird zwar immer noch gesucht, dennoch haben sich folgende Strategien bewährt:

Wichtig ist eine umfassende Vorbereitung. Wenn Sie beispielsweise versuchen wollen, andere Eltern zur Renovierung des Klassenraumes zu bewegen, müssen Sie zunächst einmal Informationen sammeln, die Sie dann präsentieren. Dabei sollten Sie auf folgende Punkte eingehen:

- Darstellung der gegenwärtigen Situation (z.B. dringende Renovierungsbedürftigkeit)

- Darstellung, warum Eigeninitiative erforderlich ist (z.B. kein Geld vorhanden)

- Voraussichtliche Kosten/Dauer/anfallende Arbeiten

- Gewinn für die Schüler, Eltern und Lehrer (z.B. besseres Lernklima)

Unabhängig von diesem Beispiel gilt folgendes Vorgehen als Erfolg versprechend:

- Sprechen Sie andere Eltern gezielt an, wobei Sie die Frage beantworten können müssen: „Warum gerade ich?"

- Legen Sie einen Plan als Diskussionsgrundlage vor, damit der zutreffende Eindruck entsteht, daß sich schon einmal jemand Gedanken gemacht hat.

- Seien Sie gerade bei größeren und längerfristigen Projekten als Ansprechpartner offen für Anregungen und Kritik.

- Unabhängig von diesem Beispiel sollten Sie immer versuchen, das persönliche Interesse der anderen Eltern zu wecken, indem Sie ihnen die Möglichkeiten zur Verwirklichung eigener Ideen aufzeigen.

- Versuchen Sie, die Arbeit auf möglichst viele Schultern zu verteilen und machen Sie aus einem großen mehrere kleine Projekte. Überschaubare Aufgabenbereiche schützen vor Überforderung und Frustration.

- Sorgen Sie am Ende eines erfolgreichen Projekts für ein gemeinsames Essen oder ähnliches, das allen als Abschluss in Erinnerung bleibt und Grundlage für weiteres Engagement bilden kann.

Das Hospitationsrecht

Die Möglichkeit für Eltern, durch Unterrichtsbesuche ihr Informationsrecht zu verwirklichen, kann seitens Gesetzgebung, Schulverwaltung und Schule zugelassen werden. Ziel des Unterrichtsbesuchs muß die Information über schulische Abläufe sein, nicht dagegen die Kontrolle der Lehrkräfte.

In der Regel empfiehlt sich ein zurückhaltender Gebrauch dieser Möglichkeit, da die Anwesenheit von Eltern zu einer Störung des normalen Unterrichtsablaufs führt und daher auch von Lehrern nicht allzu gerne gesehen wird.

Kapitel 11 - Häufige Reibungspunkte

Anhand einzelner Stichwörter werden Informationen zu den Sachgebieten gegeben, die erfahrungsgemäß häufig Gegenstand von Fragen oder Unklarheiten sind. Auch bei der Beantwortung dieser Fragen mußte mit Rücksicht auf Lesbarkeit und Verständnis auf eine allgemeine Darstellung geachtet werden. Im Einzelfall kann daher aufgrund besonderer Tatsachen eine andere Beurteilung angebracht sein.

Abiturprüfung

Wurde die Abiturprüfung nicht bestanden, besteht die Möglichkeit, dagegen Widerspruch einzulegen und ggf. Klage zu erheben.

Grundsätzlich ist dabei zu beachten, daß es eine Vielzahl von Anforderungen der Rechtsprechung z.B. an die Begründung von Prüfungsentscheidungen gibt.

Aufnahmekriterien von Schulen

Immer wieder berichten Mandanten darüber, ihre Kinder seien an der gewünschten Schule nicht aufgenommen worden.

Im Grundsatz ist folgendes zu beachten: Einer Entscheidung des Bundesverwaltungsgerichts zufolge, besteht für Eltern kein Anspruch darauf, daß ihre Kinder an einer bestimmten Schule aufgenommen werden.

Eltern haben allerdings Anspruch auf eine ermessensfehlerfreie Entscheidung, d.h. die Schule darf nur anhand der aufgestellten Kriterien entscheiden und nicht willkürlich.

Wichtig zu wissen ist, daß Schulen häufig nicht anhand der Aufnahmekriterien entscheiden. So werden ablehnende Entscheidungen in der Regel auch nicht begründet, teilweise fehlt auch eine Rechtsbehelfsbelehrung.

Aufsichtspflicht

Sie ergibt sich aus dem Schutz der Minderjährigen, die der Schule für die Erziehung und Unterrichtung anvertraut sind. Schüler sind in der

Schule vor körperlichem und materiellem Schaden zu bewahren. Weiterhin ist darauf zu achten, daß sie auch Dritten keinen Schaden zufügen.

Die Aufsicht richtet sich nach den Umständen des Einzelfalles, dem Alter, der Reife, dem Verantwortungsbewusstsein und der Einsichtsfähigkeit der Schüler. Die Organisation der Aufsichtspflichten obliegt dem Schulleiter. Gerade minderjährige Schüler müssen ständig beaufsichtigt werden - während des Unterrichts und in der Pause.

Gegenstände mit besonderem Gefahrenpotential, beispielsweise im Chemieunterricht, dürfen nur unter Aufsicht der Lehrkraft benutzt werden. Im übrigem findet in der Regel für die Fachräume eine gesonderte Sicherheitseinweisung statt, deren Durchführung im Klassenbuch zu vermerken ist.

Befreiung vom Sportunterricht

Der Sportunterricht ist ein Unterrichtsfach wie jedes andere auch, eine Befreiung kommt daher nur bei gesundheitlichen Problemen unter Vorlage eines ärztlichen Attests in Betracht.

Auf eine Befreiung vom Unterricht aus religiösen Gründen kann beispielsweise dann ein Anspruch bestehen, wenn das Tragen von Schwimm- oder Sportkleidung für eine Schülerin mit unzumutbaren Glaubens- oder Gewissenkonflikten verbunden wäre.

Datenschutz

Datenschutz soll das sog. informationelle Selbstbestimmungsrecht des Einzelnen gewährleisten. Er soll also davor schützen, daß der Einzelne unzulässigerweise in seinem Recht beeinträchtigt wird, selbst über die Preisgabe und Verwertung seiner Daten zu entscheiden.

Neben den Datenschutzgesetzen der Länder als allgemeine gibt es eine Reihe von besonderen Vorschriften, die für den Schulbereich Fragen der Datenerhebung, -speicherung und -löschung regeln.

Es ist Aufgabe der Schulleitung, den Datenschutz an ihrer Schule sicherzustellen; sie ist für den Schutz der Daten und die Einhaltung der datenschutzrechtlichen Bestimmungen verantwortlich. Daher sind Be-

schwerden im Zusammenhang mit dem Datenschutz direkt an diese zu richten.

Entschuldigungen/Attest

Fehlen Schüler im Unterricht, so ist bei ihrer Rückkehr eine schriftliche Entschuldigung der Erziehungsberechtigten vorzulegen.

Ein Attest darf die Schule nur verlangen, wenn begründete Zweifel an der Richtigkeit des Entschuldigungsgrundes bestehen.

Ethikunterricht

Am Ethikunterricht, soweit er an der Schule angeboten wird, nehmen diejenigen Schüler teil, die sich vom Religionsunterricht abgemeldet haben, konfessionslose Schüler und Angehörige einer Religionsgemeinschaft, für die kein Religionsunterricht an der Schule eingerichtet ist.

Fremdsprachen

Die „Attraktivität" einer Schule für Eltern und Schüler hängt heute zunehmend auch mit ihrem Fremdsprachenangebot zusammen.

Welche Sprachen sie anbietet und in welcher Reihenfolge dies geschieht, entzieht sich allerdings dem Einflußbereich Außenstehender und ist allein Sache der Schule. Dieser obliegt die inhaltliche Festlegung der Ausbildungsgänge, der Unterrichtsziele und des Unterrichtsstoffs. Einflußmöglichkeiten von Eltern bestehen insoweit nicht.

Es liegt im Grundsatz auch kein Verstoß gegen die Grundrechte von Eltern und Schülern vor, wenn etwa die Wahlmöglichkeit zwischen Englisch und Latein abgeschafft und nur noch Englisch angeboten wird.

Geschenke an Lehrer

Geschenke an Lehrer und die Annahme durch diese begegnen unter beamtenrechtlichen und strafrechtlichen Gesichtspunkten Bedenken.

Lehrer dürfen grundsätzlich keine Geschenke annehmen, um ihre Neutralität und Objektivität nicht zu gefährden. Unterhalb eines Ge-

schenkwertes von ca. 25 Euro ist eine Annahme nur mit Zustimmung der dienstvorgesetzten Behörde zulässig.

Etwas anderes gilt jedoch für Geschenke, die von einer ganzen Klasse stammen und etwa zum Geburtstag oder zum Abschied überreicht werden.

Die verbotene Annahme von Geschenken kann für einen Lehrer auch strafrechtliche Konsequenzen haben, etwa indem er den Tatbestand der Vorteilsnahme erfüllt.

Gestaltung Wandertage

Auch wenn es kein Recht auf die Durchführung von Wandertagen gibt, sollen diese nach Möglichkeit veranstaltet werden. Grundsätzlich bestehen auch Gestaltungsmöglichkeiten in Hinblick auf das Ziel oder die Aktivitäten. Erforderlich ist allerdings der Zusammenhang mit dem Unterrichtsthema, es soll sich nicht um eine rein touristische Veranstaltung handeln.

Handys

Handys, die im Unterricht benutzt werden, stören den Ablauf. Insofern ist es zulässig, daß diese während des Unterrichts ausgeschaltet werden müssen. Problematisch ist ein gänzliches Verbot durch die Schulkonferenz, da Handys nicht nur zum Spielen, sondern auch im Ernstfall genutzt werden können. Gerade in ländlichen Gebieten oder auf einsamen Schulwegen kommt diesen eine nicht zu unterschätzende Sicherheitsfunktion bei Notfällen zu.

Regelungen, nach denen gar keine Handys mit in die Schule gebracht werden dürfen, begegnen größeren - auch verfassungsrechtlichen Bendenken - als solche bei denen Handys abgegeben und mittags wieder ausgehändigt werden.

Liegt bereits eine Störung vor, ist als erzieherische Maßnahme die Wegnahme durch die Lehrkraft zulässig.

Häufige Reibungspunkte

Hausaufgaben

Hausaufgaben sind die zentrale Quelle von Streitereien zwischen Eltern und Schülern und Schülern und Lehrern. Über Schwierigkeitsgrad, Dauer und Häufigkeit entscheidet der Lehrer aufgrund seiner pädagogischen Freiheit.

Sie sind zur Festigung der im Unterricht vermittelten Kenntnisse, zur Übung, Vertiefung und Anwendung der vom Schüler erworbenen Fähigkeiten und Fertigkeiten sowie zur Förderung des selbständigen und eigenverantwortlichen Arbeitens erforderlich. Sie müssen im inneren Zusammenhang mit dem Unterricht stehen und müssen vom Schüler ohne fremde Hilfsmittel in angemessener Zeit erledigt werden können. Der Klassenlehrer hat für die zeitliche Abstimmung zwischen den Fachlehrern zu sorgen.

Die Menge der Hausaufgaben liegt im Ermessen der Lehrkraft, als ganz grobe Richtwerte gelten für die Bearbeitungszeiten in den Klassen 5 und 6 ca. 1 1/2 Stunden und in den Klassen 7 bis 10 bis zu 2 Stunden. Bei diesen Zahlenwerten handelt es sich allerdings nur um ganz grobe Richtwerte; im Einzelfall ist eine Über- oder Unterschreitung daher möglich.

Für die Hausaufgaben erhält ein Schüler keine Zensur, da weder die häuslichen Arbeitsbedingungen noch mögliche Hilfen oder Kontrollen durch Dritte für den Lehrer nachprüfbar sind.

Hitzefrei/Schneefrei

In unseren Breiten sind extreme Witterungsbedingungen sehr selten; treten sie dennoch auf, gilt folgendes:

Es ist Sache des Schulleiters, zu entscheiden, ob es hitzefrei geben soll. Geregelt werden die Voraussetzungen zumeist in einem Erlaß, der regelt, zu welcher Uhrzeit, welche Temperatur im Schatten erreicht sein muß, z. B. 11.00 Uhr, 25 ° C oder mehr (im Schatten).

Bei außergewöhnlichen Witterungsbedingungen, z.B. Schnee, Eisglätte oder Sturm trifft das zuständige Ministerium die Entscheidung darüber, ob der Unterricht trotzdem stattfindet. Der Unterrichtsausfall wird dann

über das Radio bekanntgegeben. Auch diese Fragen sind zumeist in einem Erlaß geregelt.

Wenn trotz extremer Witterungsbedingungen kein offizieller Unterrichtsausfall bekanntgegeben wird, obliegt die Entscheidung den Eltern.

Kaugummikauen

Da während des Unterrichts weder gegessen, Kaugummi gekaut, noch getrunken werden darf, ist es unhöflich, dies dennoch zu tun. Viele Lehrer reagieren geradezu allergisch auf kaugummikauende Schüler. Wer der Aufforderung, dieses zu entfernen, nicht nachkommt, muß mit Konsequenzen rechnen, wobei die Auswahl im Ermessen der Lehrkraft liegt.

Klassenarbeiten

Die Anzahl von Klassenarbeiten pro Woche ist häufig auf drei begrenzt, da die Gesamtanzahl vorgeschrieben ist und diesen besondere Bedeutung in Hinblick auf die Gesamtnote zukommt.

Für Tests, schriftliche Hausaufgabenwiederholungen etc. gibt es keine so engen Beschränkungen, da sie von ihrem Gewicht und ihrer Dauer her nicht mit Klassenarbeiten vergleichbar sind.

Klassenbuch

Das Klassenbuch dient dazu, den Unterrichtsverlauf einer Klasse festzuhalten. Eingetragen werden neben fehlenden oder verspätet erscheinenden Schülern vor allem der Stoff der einzelnen Stunden sowie Vorkommnisse aller Art, auch das Fehlverhalten einzelner Schüler.

Kleidung/Frisur

Kleidung als Ausdruck der Persönlichkeit ist gerade in Schulen immer wieder Auslöser und Gegenstand von Konflikten. Die Frage, ob Caps im Unterricht abzusetzen sind, kann dabei ebenso relevant werden wie das Tragen bauchfreier Kleidung.

Grundsätzlich kann allenfalls die Schulordnung Regelungen im Hinblick auf Kleidungsfragen treffen. Findet sich darin kein Hinweis, so ist es grundsätzlich Sache des Schülers, welche Kleidung er wählt. Dennoch ist es eine Frage der Höflichkeit, der Bitte eines Lehrers nach Absetzen von Caps im Unterricht auch nachzukommen.

Anders kann die Beurteilung allerdings ausfallen, wenn Schüler Kleidungsstücke auswählen, die eindeutig bestimmten, verfassungsfeindlichen Gruppierungen zuzurechnen sind.

Diese Überlegungen finden im Grundsatz auch auf Frisuren Anwendung. So hat die Schule in der Regel kein Recht, bei vom Massengeschmack abweichenden Frisuren (Punks) eine Störung des Schulbetriebs anzunehmen.

Klingelzeichen

Die Pausen dienen der Erholung und dem Ausgleich und dürfen nicht permanent ausfallen. Grundsätzlich markiert das Klingelzeichen Anfang und Ende einer Unterrichtsstunde.

Kopftuch

Schülerinnen, die während des Unterrichts ein Kopftuch tragen wollen, können sich auf den Schutz der Religionsfreiheit berufen.

Korrektur der Klassenarbeiten

Die Rückgabe der Klassenarbeiten soll in der Regel innerhalb von sechs Unterrichtstagen nach Abgabe erfolgen. Naturgemäß läßt sich dieser Zeitraum nicht immer einhalten, da gerade bei Klausuren in höheren Klassenstufen in der Regel der Korrekturaufwand zunimmt. Dennoch ist ein Korrekturzeitraum von vier Wochen jedenfalls dann als sehr lang anzusehen, wenn keine Besonderheiten wie Krankheit o.ä. vorliegen.

Die Klassenarbeiten sind von den Lehrern so zu korrigieren, daß den Schülern durch die Korrektur geholfen wird und aus der Beurteilung Hinweise für ihre weitere Arbeitsweise hervorgehen. Klassenarbeiten einfach zu behalten und auf die Rückgabe zu verzichten oder nur die Noten

zu nennen, ist nicht zulässig, da Schüler auf diese Weise ohne Korrektur weder Fehler erkennen, noch diese in der Zukunft vermeiden können.

Kunstwerke/Bastelarbeiten

Arbeiten, die beispielsweise im Kunstunterricht hergestellt worden sind, stehen grundsätzlich im Eigentum des Schülers. Dies gilt auch dann, wenn die Materialien von der Schule zur Verfügung gestellt worden sind. Allerdings ist die Ausstellung beispielsweise im Schulgebäude möglich, sofern danach eine Rückgabe erfolgt.

Legasthenie

Wenn bei einem Schüler eine sogenannte Lese - Rechtschreibschwäche förmlich festgestellt worden ist, bestehen gezielte Fördermöglichkeiten in kleinen Gruppen.

Für den Schüler bedeutet dies, daß in sämtlichen schriftlichen Arbeiten, Rechtschreibfehler nicht gewertet werden dürfen. Das hat zur Folge, daß beispielsweise die Leistungen im Fach Deutsch getrennt von Rechtschreibfragen beurteilt werden müssen. Wenn der Schüler seine Rechtschreibleistungen deutlich verbessert und über einen längeren Zeitraum konstant hält, besteht die Möglichkeit, zu einer „normalen" Bewertung überzugehen. Spätestens mit Erreichen der Oberstufe finden diese Sonderregelungen ohnehin keine Anwendung mehr.

Lehrer verweigert Herausgabe des Zeugnisses

Entgegen einer weit verbreiteten Auffassung ist es nicht zulässig, die Herausgabe eines Zeugnisses von der Erfüllung weiterer Bedingungen, wie beispielsweise der Rückgabe von Büchern abhängig zu machen. Schüler haben am Ende eines Schuljahres einen Anspruch auf die Herausgabe des Zeugnisses.

Davon unabhängig kann allerdings von einem Schüler auch erwartet werden, daß er ohne derartige Drohungen seine Bücher abgibt.

Häufige Reibungspunkte 93

Leistungsbewertungen

Leistungsbewertungen sind, unabhängig davon, ob es um die schriftliche oder mündliche Leistung geht, regelmäßig Gegenstand von Auseinandersetzungen. Vielfach wird im Rahmen einer sehr emotional geführten Diskussion ohne die erforderlichen rechtlichen Grundlagen argumentiert.

Zum besserem Verständnis eine Übersicht, über das, was sich hinter nüchternen Zahlenwerten inhaltlich verbirgt:

Die Note sehr gut (1) wird erteilt, wenn die Leistung den Anforderungen im besonderen Maße entspricht

Die Note gut (2) wenn die Leistung voll den Anforderungen entspricht

Im Falle von befriedigend (3) entspricht die Leistung im Allgemeinen den Anforderungen.

Bei ausreichend (4) entspricht die Leistung noch im ganzen den Anforderungen, weist aber Mängel auf.

Mangelhaft (5) ist die Leistung, wenn sie nicht den Anforderungen entspricht, Grundkenntnisse aber vorhanden sind und die Mängel sich beheben lassen.

Ungenügend (6) ist die Leistung, wenn sie nicht den Anforderungen entspricht, die Grundkenntnisse lückenhaft sind und die Mängel sich in absehbarer Zeit nicht beheben lassen.

Der Begriff „Anforderungen" bezieht sich auf die im Lehrplan festgelegten Ziele und Inhalte, auf den Umfang, auf die selbständige und richtige Anwendung der geforderten Kenntnisse, Fähigkeiten und Fertigkeiten sowie auf die Art der Darstellung.

Anhand dieser Übersicht wird deutlich, warum sich auch statistisch die meisten Noten im Bereich zwischen befriedigend und ausreichend bewegen; die meisten Schüler erbringen eben durchschnittliche Leistungen. Während allgemein bekannt ist, daß sich die Note „sehr gut" nur schwer erreichen läßt, weil den gestellten Anforderungen in besonderem Maße entsprochen werden muß, gilt ähnliches, wenn auch unter anderem Vorzeichen, für die Note „ungenügend". Diese darf einem Schüler also grundsätzlich nur dann erteilt werden, wenn selbst die Grundkennt-

nisse stark lückenhaft sind und praktisch kaum Aussicht auf Besserung besteht.

Leistungsstand

Noten sollten keine Überraschung sein; dennoch gibt es immer wieder Lehrkräfte, die eine wünschenswerte Transparenz ablehnen und auf die Bekanntgabe von „Zwischennoten" gänzlich verzichten.

Entgegen der Auffassung vieler Lehrer hat ein Schüler grundsätzlich das Recht, über seinen Leistungsstand unterrichtet zu werden. Allerdings liegt Art und Häufigkeit im Ermessen des Lehrers. Spätestens auf konkrete Anfragen muß er eine Antwort geben.

Lernmittelfreiheit

Wie teuer Schulbücher sind, wird spätestens demjenigen klar, der ein verlorenes oder beschädigtes Buch ersetzen muß.

In den Verfassungen einiger Bundesländer wird die Lernmittelfreiheit explizit garantiert, in anderen wurde diese im Zuge der Sparmaßnahmen bereits abgeschafft oder steht zumindest in Teilen kurz davor.

Die Lernmittelfreiheit unterliegt zahlreichen Einschränkungen, die in jedem Bundesland variieren. So müssen beispielsweise Eltern Eigenanteile aufbringen oder die Lernmittelfreiheit wird auf kinderreiche oder einkommensschwache Familien beschränkt. Zulässig ist auch, die Lernmittelfreiheit an bestimmte Einkommensgrenzen zu koppeln.

Während in der Regel der Schulträger Bücher kauft und diese dann an die Schüler verleiht, gibt es zahlreiche Ausnahmen für fremdsprachliche Arbeitsunterlagen (z.B. Workbook, Atlanten, Formelsammlungen, Lektüren etc.).

Die Umsetzung und Ausgestaltung der Lernmittelfreiheit ist sehr unterschiedlich. Sie reicht über Gutscheine für Bücher bis zur leihweisen Zurverfügungstellung der Bücher.

Grundsätzlich ist auch in diesem Bereich die Versorgung durch Sponsoren möglich.

Mündliche Mitarbeit

Die rein physische Anwesenheit im Unterricht ist nicht ausreichend. Vielmehr soll sich ein Schüler auch aktiv am Unterricht beteiligen.

Die mündliche Mitarbeit setzt sich zusammen aus mündlichen Beiträgen, Referaten, Hausaufgaben sowie sonstigen Beiträgen (z.B. Anschauungsmaterial).

Sie macht einen nicht unerheblichen Teil der Zeugnisnote aus und sollte daher ernst genommen und gepflegt werden. Ihre Bewertung ist regelmäßig ein potentielles Konfliktfeld. Dem Lehrer steht grundsätzlich eine pädagogische Entscheidung zu; seine Einschätzung wird anhand von Qualität und Quantität der Unterrichtsbeiträge getroffen. Ganz feste Kriterien gibt es allerdings nicht. Erfahrungsgemäß ist es schwierig, als Schüler eine Entscheidung in diesem Bereich erfolgreich anzugreifen, da Lehrern in diesem Bereich wiederum ein gewisser Spielraum eingeräumt wird.

Nachschreiben von Klassenarbeiten

Hat ein Schüler beispielsweise infolge einer Erkrankung eine Klassenarbeit versäumt, soll ihm Gelegenheit zum Nachschreiben gegeben werden. Dies soll innerhalb der normalen Unterrichtszeit erfolgen. Allerdings ist ein Beschluß der Schulkonferenz, daß der Samstag als „Nachschreibetag" eingeführt wird, zulässig.

Notengebung

Häufig sind Konstellationen, in denen Schüler mit ihrer Note im Zeugnis unzufrieden sind. Grundsätzlich sollte immer zunächst versucht werden, in einem persönlichen Gespräch, möglicherweise auch mit dem Vertrauenslehrer oder der Schulleitung eine Lösung zu finden. Jeder Schüler hat grundsätzlich einen Anspruch darauf, daß der Lehrer darlegt, wie eine Note zustandegekommen ist.

Schlägt dies fehl, hängen weitere Möglichkeiten davon ab, ob dieser Einzelnote besonderes Gewicht zukommt oder nicht. Nur in diesem Fall ist eine gerichtliche Überprüfung möglich.

Notentransparenz

Infolge der Bedeutung der Noten für den einzelnen Schüler und sein schulisches und berufliches Fortkommen, müssen die Bewertungsmaßstäbe transparent sein.

Die für die Leistungsbewertung in den einzelnen Fächern maßgebenden Kriterien hat der Fachlehrer den Schülern, und auf Befragen auch ihren Eltern darzulegen.

Er soll zu Beginn seines Unterrichts bekannt geben, wie er die verschiedenen Leistungen für die Notenbildung gewichten will, also das Verhältnis der mündlichen zur schriftlichen und zur praktischen Leistung. Der Fachlehrer hat auch den Schülern auf Befragen den Stand ihrer mündlichen und praktischen Leistungen anzugeben. Nimmt er besondere Prüfungen vor oder fordert er andere Leistungsnachweise, die er gesondert bewertet, hat er dem Schüler die Note bekanntzugeben.

Ozonbelastung/Sportunterricht

Radiomeldungen über eine erhöhte Ozonbelastung führen nicht automatisch dazu, daß der Sportunterricht ausfallen muß. Zwar gibt es Empfehlungen zum Sportunterricht bei erhöhter Ozonbelastung, diese stellen aber eben nur Empfehlungen dar.

Generell soll sich aber der Sportunterricht den Außenbedingungen anpassen und starke körperliche Anstrengungen nicht in der prallen Sonne fordern.

Parteipolitik

Die Schule ist zu parteipolitischer Neutralität verpflichtet, sie darf nicht einzelne politische Überzeugungen als richtig darstellen und andere ganz aussparen. Vielmehr sind auch die Lehrer verpflichtet, ihre eigenen politischen Überzeugungen äußerst zurückhaltend zu artikulieren und Sachfragen politisch ausgewogen darzustellen. Einem Lehrer kann beispielsweise das Tragen einer politischen Plakette untersagt werden. Im Einzelnen ist in diesem Bereich auch in der juristischen Fachwelt vieles umstritten.

Prüfungsfächer Abitur

Auch wenn ein Schüler der einzige ist, der ein bestimmtes Fach als Prüfungsfach gewählt hat, berechtigt dieser Umstand nicht den Lehrer, mit Hinweis auf die dadurch verursachte Mehrarbeit, dieses zu verhindern. Jeder Schüler entscheidet selbstständig im Rahmen der geltenden Oberstufenverordnung über seine Prüfungsfächer.

Allerdings mag trotzdem unter den geschilderten Umständen zur Konfliktvermeidung und im Hinblick auf die Bewertung im Einzelfall die Wahl eines anderen Faches sinnvoll sein...

Rauchen in der Schule

Rauchen ist grundsätzlich als Teil der allgemeinen Handlungsfreiheit (Artikel 2 Absatz 1 des Grundgesetzes) grundrechtlich geschützt. Dennoch muß gerade in der Schule ein Ausgleich mit den Nichtrauchern gefunden und dem Alter der Betroffenen Rechnung getragen werden.

Auch wenn das Jugendschutzgesetz Jugendlichen ab 16 Jahren das Rauchen erlaubt, ist es Sache der Schulkonferenz, ob und in welcher Form sie das Rauchen an der Schule duldet. Auch ein Rauchverbot auf weiten Teilen des Schulgeländes ist möglich.

Gegenwärtig werden Rauchverbote, z.T. für Schüler und Lehrer in vielen Bundesländern disktutiert.

Gegen erste kritische Stimmen, die nach Sinn und zweck einer solchen Maßnahme fragten, setzen sich vermehrt suchtpräventive und gesundheitspolitische Überlegungen durch.

Rechtschreibreform

Nachdem 1995 die Rechtschreibreform von der Kultusministerkonferenz beschlossen wurde, gab es zahlreiche Gerichte, die mit den Fragen ihrer Zulässigkeit und Verfassungsmäßigkeit befaßt waren.

Zentraler und kontrovers diskutierter Streitpunkt war die Frage, ob im Hinblick auf die grundrechtlichen Auswirkungen der Rechtschreibreform für Eltern und Schüler ein förmliches Gesetz erforderlich ist. Nach divergierenden Urteilen wurde eine Verfassungsbeschwerde durch das Bun-

desverfassungsgericht als unbegründet verworfen; ein förmliches Gesetz sei nicht erforderlich gewesen.

Grundsätzliche verfassungsrechtliche Bedenken stehen den neuen Rechtschreiberegeln nicht mehr entgegen.

Religionsunterricht

Das Fach Religion ist versetzungsunerheblich.

Es gibt die Möglichkeit, nicht am Religionsunterricht teilzunehmen; Eltern können ihr Kind befreien lassen. Ab Vollendung des 14. Lebensjahres ist dies einem Schüler auch ohne Zustimmung seiner Eltern möglich.

Schülerzeitungen

Zeitungen, die von und in der Verantwortung von Schülern herausgegeben werden, stehen außerhalb der Schule, d.h. daß grundsätzlich Eingriffsbefugnisse seitens der Schule nicht gegeben sind. Die Herausgabe unterliegt nicht der Genehmigung durch den Schulleiter. Ebenso wie andere Presseerzeugnisse genießt auch die Schülerzeitung den Schutz der Pressefreiheit; eine Zensur ist unzulässig.

Dennoch sollten sich Schüler gerade auch in diesem Bereich um eine sachliche Auseinandersetzung bemühen und nur konstruktive Kritik, z. B. an einzelnen Lehrkräften, üben. Auf jeden Fall ist eine Schülerzeitung der falsche Ort, um Differenzen mit einem Lehrer offen auszutragen.

Schulpflicht

Die Schulpflicht erstreckt sich auf den regelmäßigen Besuch (Unterricht und sonstige Veranstaltungen) sowie die Einhaltung der Schulordnung; die Erziehungsberechtigten haben dafür Sorge zu tragen. Sie sind auch verpflichtet, die Anmeldung zur Schule vorzunehmen und den Schüler für den Schulbesuch in gehöriger Weise auszustatten. Schulpflichtige, die ihre Schulpflicht nicht erfüllen, können der Schule zwangsweise zugeführt werden.

Häufige Reibungspunkte 99

Schwänzen

Immer wieder gibt es Schüler, die dem Unterricht fernbleiben. Die Motivation mag unterschiedlich sein: Mutproben, Desinteresse oder Ängste unterschiedlicher Ursache können einen Schüler dazu verleiten, nicht zur Schule zu gehen.

Die Pflicht regelmäßig am Unterricht teilzunehmen, verbietet es dem einzelnen Schüler, ohne berechtigten Grund zu fehlen. Ein Grund ist in der Regel dann als berechtigt anzusehen, wenn ein Schüler krank ist, einen Arzttermin hat oder an einer genehmigten Veranstaltung teilnimmt, z.B. die Sitzung des Schülerparlaments.

Erscheint ein Schüler unentschuldigt nicht zum Unterricht, kommt er seiner Schulpflicht nicht nach, die dann auch zwangsweise durchgesetzt werden kann.

In einigen Bundesländern gibt es bereits mobile Einsatzkommandos, die Schulschwänzer aufgreifen und in die Schule bringen.

Schwierigkeiten mit einem Lehrer

Grundsätzlich hat jeder Schüler das Recht, Kritik auch gegenüber oder im Hinblick auf das Verhalten von Lehrkräften vorzubringen. Ist die Beschwerde nicht von Erfolg gekrönt, kommt ggf. eine Dienstaufsichtsbeschwerde in Betracht, die beim Schulleiter oder der Schulbehörde einzulegen ist. In dieser muß dann die Kritik substantiiert dargelegt werden.

Sitzordnung

Die Frage, wer neben wem sitzen darf und welche Form die Anordnung der Tische hat, sind geeignet, den Raum ganzer Unterrichtsstunden zu füllen.

Grundsätzlich ist es möglich, daß ein Lehrer über Fragen der Sitzordnung entscheidet. Hält dieser beispielsweise wegen des Lärmpegels oder sonstiger Störungen eine Änderung der Sitzordnung für erforderlich, kann er diese auch gegen den Willen der Schüler durchsetzen. Da es sich dabei nur um eine Organisationsmaßnahme handelt, liegt kein Verwaltungsakt vor. Als Rechtsschutzmöglichkeit kommt daher allenfalls die Feststellungsklage in Betracht.

Schulleiter

Diesem obliegt die Leitung und Verwaltung der Schule; er ist verantwortlich für die Besorgung aller Angelegenheiten der Schule und für eine geordnete und sachgemäße Schularbeit. Daraus folgt ein Weisungsrecht gegenüber den Lehrern und anderen Bediensteten der Schule. Er ist also Vorgesetzter, nicht aber Dienstvorgesetzter der Lehrer. Er kann jederzeit und ohne Ankündigung Unterrichtsbesuche vornehmen, um sich umfassend zu informieren.

Er ist verantwortlich für die Einhaltung der Bildungs- und Lehrpläne und der für die Notengebung allgemein geltenden Grundsätze; bei Regelverstößen kann er Noten abändern. Er ist Vorsitzender der Schul- und Gesamtlehrerkonferenz und führt deren Beschlüsse aus, sofern er die Verantwortung übernehmen kann. Er ist zuständig für die Aufnahme und Entlassung der Schüler; er hat für die Erfüllung der Schulpflicht zu sorgen. Er ist zuständig für die Verteilung der Lehraufträge, das Aufstellen der Stunden- und Aufsichtspläne und das Anordnen von Vertretungen; er vertritt die Schule nach außen, pflegt die Beziehungen zu Eltern, Kirchen etc.. Dem Schulleiter obliegt die Aufsicht über die Schulanlage und das Schulgebäude; er übt das Hausrecht aus und ist verantwortlich für die Verwaltung und Pflege der der Schule überlassenen Gegenstände.

Schulsponsoring

Da das Geld der öffentlichen Haushalte immer knapper wird, bekommt die Frage, wie Projekte finanziert und Gelder beispielsweise von Eltern oder der Wirtschaft einsetzbar sind, besondere Relevanz.

Zunächst einmal soll zum besseren Verständnis eine klare begriffliche Differenzierung vorgenommen werden.

- Wesensmerkmal der „Spenden"

  Spenden sind freiwillige, unentgeltliche Zuwendungen ohne Gegenleistung, die steuerrechtlich abzugsfähig sind. Dabei ist eine Unterteilung in Sach- und Geldspenden möglich.

- Wesensmerkmal des „Sponsorings"

  Beim Sponsoring geht es im Gegensatz zur Spende um den Austausch von Leistung und Gegenleistung. Es handelt sich

dabei um die Bereitstellung von Geld oder geldwerten Vorteilen oder anderen Zuwendungen, mit der gleichzeitig eigene unternehmensbezogene Marketing- und Kommunikationsziele angestrebt werden.

- Wesensmerkmal des „Mäzenatentums"

  Hierbei handelt es sich um eine Zuwendung einer Privatperson, die uneigennützig ohne wirtschaftlich relevante Gegenleistung tätig wird.

- Wesensmerkmal der „Stiftungen"

  Gelder aus Stiftungen verfolgen einen durch den Stifter gesetzten Zweck.

Im Schulbereich interessant sind Formen der klassischen Spende oder des Sponsorings. Im Gegensatz zu sportlichen oder kulturellen Großereignissen (z.B. Fußballweltmeisterschaft, Musikfestivals etc.), bei denen eine Durchführung mit den entsprechenden Sponsorengeldern heute bereits alltäglich ist, sind die im Zusammenhang mit der Schule zu klärenden Rechtsfragen komplizierter.

Grundsätzlich ist es Sache der Schulträger, sicherzustellen, daß die Schule mit persönlichen und sachlichen Mitteln so ausgestattet ist, daß ein geordneter Unterricht stattfinden kann. Häufig wird es aber so sein, daß das Geld nicht für alle Wünsche ausreicht.

Die Frage, ob und ggf. in welchem Umfang eine Finanzierung beispielsweise über Sponsoring zulässig ist, wird in einigen Schulgesetzen explizit geklärt.

Im Bereich des Sponsorings von Schulen treten eine Vielzahl von Rechtsproblemen auf, die vorwiegend Bereiche des Vertrags-, Steuer- und Wettbewerbsrechts betreffen.

- Grundsätzlich ist es zulässig, daß sich die Schulen um die Gewinnung eines Sponsors bemühen; für die Gültigkeit eines Sponsoringvertrages ist aber die Zustimmung des Schulträgers Voraussetzung. Gleiches gilt auch für vertragliche Vereinbarungen mit Fördervereinen.

- Weiterhin darf der Sponsor seine Werbemaßnahmen in der Schule auch nur mit Zustimmung des Schulträgers durchführen.

- Zuwendungen des Sponsors bekommt nicht die Schule, sondern der Schulträger, der auch Eigentümer der Gegenstände wird und für eventuelle Folgekosten aufkommen muß.

Den Empfehlungen des Deutschen Städtetages für Spenden im Schulbereich zufolge, sind einige Dinge zu beachten:

- So dürfen Werbeart und -umfang dem Bildungs- und Erziehungsauftrag nicht entgegenstehen.

- Neutralität und Toleranz müssen gewährt werden.

- Tabak- und Alkoholwerbung sind unzulässig.

- Der Werbezweck muß bei der Gegenleistung der Schule immer deutlich im Hintergrund gegenüber dem zu fördernden Zweck stehen.

Ist ein Sponsor gefunden worden, ist es Sache des Schulleiters, über die Annahme zu entscheiden und Sache des Schulträgers ggf. die erforderliche Zustimmung zu erteilen. Sinn dieser Regelung ist, sicherzustellen, daß durch eine unterschiedliche Förderung aus der Wirtschaft die Entstehung von armen und reichen Schulen nicht gefördert wird.

Es stellen sich eine Reihe von Zulässigkeitsfragen.

Während Imagewerbung weniger rechtlichen Bedenken begegnet, wird Produktwerbung zumindest im Grundsatz für unzulässig gehalten.

Klar ist, daß die Werbemaßnahme den Schulbetrieb nicht beeinträchtigen darf. Auch dürfen Schüler oder Lehrer nicht direkt in die Werbeaktion eingebunden werden.

Eine direkte wirtschaftliche Abhängigkeit der Schule von ihrem Sponsor ist zu verhindern.

Allgemein als zulässig werden Hinweise auf die Unterstützung des Sponsors, die Namensnennung oder die Verwendung seines Logos im Rahmen von Schulveranstaltungen, Druckerzeugnissen oder Presseveröffentlichungen gesehen.

Unzulässig wird dagegen reine Produktwerbung in Form von Plakaten, Werbezetteln oder Verkaufsaktionen angesehen.

Der Umfang des Sponsorings darf jedenfalls nicht so groß sein, daß die Schule in der Wahrnehmung als reine Werbeveranstaltung des Sponsors erscheint.

Während beispielsweise ein Sponsor eine Theatergruppe finanziell unterstützen darf und diese in Programmen auf diesen hinweisen kann, ist die Weitergabe von Schülerdaten an Firmen schon wegen der damit verbundenen Verletzung von datenschutzrechtlichen Bestimmungen unzulässig.

Schuluniformen

Was in europäischen Nachbarländern und einigen Privatschulen bereits Standard ist, wird nun auch in Deutschland diskutiert.

Kleidung der angesagten Marken ist teuer, verspricht aber auch ein Höchstmaß an Aufmerksamkeit und sozialer Achtung. Gleichzeitig werden von Schülern vermehrt Straftaten begangen, um sich in den Besitz der begehrten Kleidungsstücke zu versetzen.

Um diesen Trend in Schulen aufzuhalten, wird vielfach das Tragen von Schuluniformen empfohlen, um gerade sozial schwächeren Schülern die Möglichkeit zu geben, durch einheitliche Kleidung nicht aufzufallen. Auch zunehmende Gewaltbereitschaft bei Jugendlichen, um in den Besitz der Kleidungsstücke zu gelangen, hat der Diskussion neue Dynamik gebracht. Gegenwärtig befindet sich die Diskussion zur Frage, ob an öffentlichen Schulen Schuluniformen eingeführt werden sollen, noch im Fluß. Insofern bleibt abzuwarten, wie eine konkrete Umsetzung der angedachten Ideen aussieht. Keinesfalls ist aber von einer grundsätzlichen rechtlichen Unzulässigkeit auszugehen.

Schulveranstaltungen

Schulveranstaltungen finden in der Verantwortung und unter Aufsicht der Schule statt, so zum Beispiel Klassenfahrten, Wanderungen, Schulfeste etc.. Grenzfälle liegen dann vor, wenn eine Veranstaltung zwar in den Räumen der Schule, aber unabhängig von deren Organisation

durchgeführt wird. Werden für Veranstaltungen nur die Räumlichkeiten der Schule genutzt, ist keine Schulveranstaltung gegeben, sondern allein eine „Veranstaltung in Schulräumen".

Wichtig ist diese Frage im Falle der Haftung, da bei Schulveranstaltungen die gesetzliche Unfallversicherung greift.

Schulversuche

Über die Durchführung von Schulversuchen entscheidet das zuständige Ministerium nach Anhörung des Schulträgers. Sie dienen der Erprobung neuer Lernziele, und -inhalte, neuer Lern- und Lehrverfahren etc..

Es ist auch möglich, daß eine Schule einen entsprechenden Antrag stellt. Die ausgewerteten Ergebnisse sind zu veröffentlichen.

Schwierigkeitsgrad von Klassenarbeiten

Grundsätzlich ist es Sache des Lehrers, wie er seine Arbeiten stellt und welchen Unterrichtsstoff er in welcher Form abfragt.

Inhalt, Anforderungen und Bewertungen sind daher stark von der Person des Unterrichtenden abhängig. Allerdings ist die pädagogische Freiheit nicht grenzenlos. Die Arbeit muß so gestellt sein, daß sie vom Klassendurchschnitt gelöst werden kann.

Gegenstand der Arbeiten dürfen grundsätzlich nur im Unterricht behandelte Themen sein. Weiterhin ist darauf zu achten, daß ein ausgewogenes leistungs- und altersangemessenes Verhältnis von reiner Wiederholung, Weiterentwicklung und eigener Umsetzung besteht.

Wenn mehr als ein Drittel der Arbeiten mit schlechter als „ausreichend" bewertet wird, muß entweder die Genehmigung des Schulleiters eingeholt oder die Arbeit nachgeschrieben werden.

Strafarbeiten/Extraaufgaben

Als erzieherische Maßnahmen sind sog. Strafarbeiten (Extraaufgaben) als Reaktionsmöglichkeit der Lehrkraft zulässig. Sie sind als häusli-

che Nacharbeit zu erbringen - auch ein milderes Mittel als das Nachsitzen, das in der Schule unter Aufsicht des Lehrers stattfindet.

Bei der Wahl der erzieherischen Mittel besteht seitens der Lehrkraft ein Beurteilungsspielraum.

5-Tage Woche

Die Zahl der Schultage pro Woche ist nicht einheitlich festgelegt. Einige Länder haben Regelungen über die wöchentliche Anzahl von Schultagen und Regelungen über Abweichungen getroffen. Zuständig sind Schulbehörde und Kultusminister.

Sowohl fünf als auch sechs Unterrichtstage pro Woche sind zulässig.

Täuschungsversuche

Bei Täuschungsversuchen (Spickzettel, Wörterbuch, Unterrichtsmaterialien, Vorsagen, Abschreiben) hat die Lehrkraft die Möglichkeit, die Arbeit oder den Test mit „ungenügend" zu bewerten. Dabei kann sie auch danach differenzieren, ob ein Schüler „nur" zum Nachbarn schielt oder ob im Vorfeld bereits extra Hilfsmittel angefertigt wurden. Auch hierzu gibt es vielfach entsprechende Erlaße.

Teilnahme an religiösen Veranstaltungen

Grundsätzlich haben Mitglieder von Religionsgemeinschaften das Recht, an Gottesdiensten und anderen religiösen Veranstaltungen teilzunehmen, um ihre Religion auszuüben; eine Unterrichtsbefreiung aus religiösen Gründen an bestimmten Tagen ist zulässig.

Überprüfung eines Kindes auf sonderpädagogischen Förderbedarf

Die Überprüfung, ob ein Kind sonderschulbedürftig ist, erfolgt in der Regel mittels Testverfahren und Probeunterrichts an einer Sonderschule. Während dieses Unterrichts werden die Kinder besonders beobachtet. Im Anschluss daran wird ein Gutachten erstellt.

Wenn das sonderpädagogische Gutachten die Aufnahme in eine Sonderschule empfiehlt, entscheidet das Amt für Schule, nachdem sämt-

liche Unterlagen vorliegen, über die Feststellung der Sonderschulbedürftigkeit. Dabei wird auch die Stellungnahme der Eltern berücksichtigt. Die Entscheidung ergeht in Form eines rechtsmittelfähigen Bescheides. Sind Eltern mit der Entscheidung nicht einverstanden, können sie sich dagegen wehren. Für diese besteht die Möglichkeit, gegen diesen Widerspruch einzulegen.

Überspringen einer Klasse

In den Schulgesetzen oder entsprechenden Rechtsvorschriften wird ein Überspringen einer Klasse zumeist explizit zugelassen.

Stellt sich die Frage, ob ein Schüler eine Klassenstufe wegen seiner überragenden Leistungen überspringen soll, ist dafür in den meisten Fällen ein Konferenzbeschluß oder die Beteiligung der Schulaufsicht erforderlich; bei Grundschülern auch noch eine schulärztliche Stellungnahme.

Unangekündigte Tests

Nicht nur das Üben und Wiederholen, sondern auch die Überprüfung von Lernfortschritten mit Hilfe schriftlicher Aufgaben ist Teil des Unterrichts.

Das Schreiben auch von unangekündigten Tests oder schriftlichen Hausaufgabenwiederholungen liegt im Ermessen der Lehrkraft. Es gibt keinen Anspruch darauf, daß diese angekündigt werden müssen, auch wenn dies auf Seiten der Schülerschaft immer wieder gewünscht wird.

Diese Tests geben vielmehr einer Lehrkraft die Möglichkeit, den Wissens- und Leistungsstand der Schüler ohne Vorbereitung abzubilden.

Unfallversicherung

Um besser einschätzen zu können, wann diese zur Anwendung kommen kann, ein kurzer Überblick:

Versichert sind Kinder während des Besuchs von Kindergärten, Schüler während des Besuchs allgemeinbildender Schulen, Lernende während der beruflichen Aus- und Fortbildung etc..

Unterrichtsbefreiung

Mitglieder der Schülervertretungen, der Kreisschülervertretungen und der Landesschülervertretungen erhalten durch das Schulgesetz Unterrichtsbefreiung für ihre Tätigkeit.

Urlaub

Grundsätzlich gilt die Schulpflicht. Für außerschulische Aktivitäten während der Unterrichtszeit kann einem Schüler Urlaub gewährt werden. Gleiches gilt auch für den verfrühten Ferienantritt etc.. Letztlich handelt es sich jedoch um eine Einzelfallentscheidung. Grundsätzlich besteht kein Anspruch auf die Gewährung von Urlaub.

In der Vergangenheit ist vermehrt darüber berichtet worden, daß Eltern ihre Urlaubsplanung nicht mehr nur an den Ferienterminen ausrichten. Daher wird dann beantragt, den Schüler kurz vor oder nach den Ferien vom Unterricht zu befreien. Auch wenn es verständlich sein mag, daß auf diese Weise bares Geld gespart wird, so führt diese Praxis vielfach dazu, daß solchen Anträge seitens der Schule nicht mehr entsprochen wird.

Verbindungs-/Vertrauenslehrer

Diese Lehrkräfte sollen den Schülern als Ansprechpartner bei Problemen und Fragen zur Verfügung stehen, weiterhin sollen sie auch an den Schülervertretungssitzungen teilnehmen, um sich über deren Aktivitäten zu informieren.

Verlassen des Schulgeländes

Die Besuche bei Freunden in der Nähe, Einkäufe bei Supermärkten in der Umgebung oder ähnliche Aktivitäten bergen das gleiche Problem in sich:

Grundsätzlich dürfen Schüler aus versicherungsrechtlichen Gründen das Schulgelände auch während der Freistunden nicht verlassen, es sei denn, sie werden von einem Lehrer begleitet.

Verspätungen

Ein Schüler ist verpflichtet, rechtzeitig zum Unterricht zu erscheinen. Eine entschuldigte Verspätung kann beispielsweise vorliegen, wenn ein Schulbus wegen extremer Witterungsbedingungen die Schüler nicht rechtzeitig zum Unterricht bringt.

Davon abgesehen gibt es aber die weitaus häufigere Variante, daß Schüler unentschuldigt zu spät zum Unterricht erscheinen. Welche Konsequenzen dieses Verhalten hat, ist Sache des Lehrers. Die Bandbreite der Reaktionsmöglichkeiten reicht von Extraaufgaben bis zu Eintragungen ins Zeugnis etc..

Weisungsbefugnis des Schulleiters

Die Weisungsbefugnis des Schulleiters ist umfassend und kann einzelne Entscheidungen des Lehrers ersetzen. Möglich sind auch Anweisungen zur Unterrichtsgestaltung. Konflikte mit der pädagogischen Freiheit des Lehrers sind möglich. Eine Abwägung wird aber zugunsten der Weisungsbefugnis des Schulleiters ausfallen.

Wochenende/Feiertag

Grundsätzlich ist das Wochenende ebenso wie die gesetzlichen Feiertage aufgabenfrei.

Zeugnisnote

Zeugnisse sind urkundliche Nachweise über die Erreichung des schulischen Bildungsziels und dienen der Information über den Leistungsstand eines Schülers. Weiterhin beinhalten sie bestimmte Berechtigungen, z.B. zum Besuch einer Hochschule.

Bestandteile der Note im Zeugnis sind neben den schriftlichen Arbeiten, die mündliche Mitarbeit sowie praktische Leistungen.

Zuständige Pflichtschule

Für den räumlichen Bereich gilt die grundsätzliche Zuständigkeit derjenigen Schule, in dessen Bezirk der Schüler seinen Wohnsitz hat. Für

den Besuch einer weiterführenden Schule sind den Eltern dann Wahlmöglichkeiten eröffnet.

Zustand des Schulgebäudes

Bestehen Kritikpunkte in Hinblick auf den Zustand des Schulgebäudes oder die Ausstattung, sind Anfragen an den Schulträger zu richten.

Kapitel 12 - Rechtsbehelfe und Rechtmittel

Artikel 20 Absatz 3 GG verankert das Prinzip der Gesetzmäßigkeit der Verwaltung; zu dessen Sicherung bedarf es einer Kontrolle der Verwaltung.

Differenziert wird in diesem Zusammenhang zwischen formlosen und formgebundenen Rechtsbehelfen.

Vor einer gerichtlichen Auseinandersetzung sollte zunächst einmal der Versuch der außergerichtlichen Streitbeilegung gesucht werden. Steht das persönliche Fehlverhalten eines Lehrers im Vordergrund, kommt aber auch durchaus eine Dienstaufsichtsbeschwerde in Betracht. Diese werden von Lehrern meist sehr gefürchtet, weil auf diesem Wege eine Überprüfung ihres Verhaltens durch die Behörde vorgenommen wird.

Erfahrungsgemäß scheuen sich Eltern, Streitpunkte offen anzusprechen und notfalls auch gerichtlich klären zu lassen. Zu groß ist die Sorge, mit diesem Vorgehen, dem eigenen Kind mehr zu schaden als zu nutzen. Dieser Standpunkt ist zwar einerseits gut nachzuvollziehen, auf der anderen Seite führt er aber auch dazu, daß aus dieser Angst heraus, die Chance Streitfragen einer endgültigen Klärung zuzuführen, ungenutzt bleibt.

Da die Hemmschwelle, gerichtliche Hilfe in Anspruch zu nehmen, gerade im Bereich der Schule besonders hoch ist, sollten zumindest die außergerichtlichen Möglichkeiten zu einer Beilegung des Konflikts zu kommen, genutzt werden.

Aus meiner Erfahrung reichen diese in der Mehrzahl der Fälle bereits aus, um den gewünschten Erfolg herbeizuführen.

Ein konkretes Beispiel mag diese Annahme erläutern: Es gibt einen Lehrer, der in absolut rechtswidriger Weise agiert. Er speist Eltern mit den dürren Worten, er habe keine Zeit, an der Tür des Lehrerzimmers ab, vergibt keine Termine für Elterngespräche und verletzt leistungsschwache Schüler auf eine sehr persönliche Weise.

Die betroffenen Eltern sind sich einig, aber keiner traut sich, das Kultusministerium zu informieren. Auch einzelne Schüler bitten ihre Eltern, nichts zu unternehmen. Sie haben Angst vor den Konsequenzen.

So geht es fast ein ganzes Schuljahr. Als dann im Versetzungszeugnis eine Notengebung erfolgt, die nicht mehr im Einklang mit den allgemein anerkannten Bewertungsmaßstäben steht, ergreift ein Elternpaar die Initiative und erreicht durch entsprechende Intervention beim Kultusministerium, daß dieser Lehrer eine andere Klasse bekommt und stärker überwacht wird.

Dies mag nur ein schwacher Trost für diejenigen Schüler sein, die er nun unterrichtet. Und trotzdem hat sich die Initiative gelohnt. Kein Lehrer kann es sich auf Dauer leisten, daß Eltern sich beim Kultusministerium über ihn beschweren. Auch die Mitarbeiter dieser Behörde werden nicht glauben, daß die Anschuldigungen jeglicher Grundlage entbehren, zumal wenn sie derart gehäuft auftreten.

Deshalb mein Tip: Je mehr Eltern sich engagieren, desto mehr können Sie erreichen. Nur gemeinsam sind Sie wirklich stark! Nehmen Sie Ihre Rechte wahr.

Einen nicht zu unterschätzenden Stellenwert haben die sogenannten **formlosen Rechtsbehelfe**.

Sie können grundsätzlich von jedermann form- und fristlos eingelegt werden und setzen keine materielle Beschwer voraus. Beschwer meint Beeinträchtigung in rechtlich geschützten Interessen.

- **Gegenvorstellung**: Diese richtet sich an die Verwaltungsbehörde, mit deren Verhalten der Beschwerdeführer nicht einverstanden ist und ist auf deren Änderung gerichtet.

- **Aufsichtsbeschwerde**: Diese wendet sich an die Aufsichtsbehörde und erstrebt eine inhaltliche Überprüfung des Verhaltens der beaufsichtigten nachgeordneten Behörde.

- **Dienstaufsichtsbeschwerde**: Mit dieser wird das persönliche Fehlverhalten eines Angehörigen des öffentlichen Dienstes gerügt.

Mit einem etwas zynischen Satz werden formlose Rechtsbehelfe häufig als „form-, frist- und fruchtlos" bezeichnet.

Rechtsbehelfe und Rechtsmittel 113

Haben alle Versuche, außergerichtlich eine Einigung herbeizuführen, keinen Erfolg gehabt, kann um gerichtlichen Rechtsschutz nachgesucht werden.

Förmliche Rechtsbehelfe sind an eine bestimmte Form gebunden und setzen eine materielle Beschwer voraus.

- Verwaltungsgerichtliche Klagen, z. B. Anfechtungsklage

- Anträge, z.B. Normenkontrollantrag

- Rechtsmittel, z.B. Berufung oder Revision

Kapitel 13 - Gespräche mit Lehrern

Gespräche zwischen Eltern und Lehrern können sinnvoll sein, wenn es darum geht, persönliche Ressentiments zwischen Lehrern und Schülern auszuräumen oder Missverständnisse zu klären.

Bei Schwierigkeiten Ihres Kindes mit einem Lehrer, plötzlichem Leistungsabfall o.ä. sollten Sie das persönliche Gespräch suchen und nicht warten, bis Ihnen ein solches angeboten wird. An manchen Schulen warten Sie dann vergebens.

Nur sehr selten wird es dagegen gelingen, einen Lehrer zu überzeugen, selbst wenn er tatsächlich einen Fehler gemacht hat. Lehrer sind die einzige Berufsgruppe, die fehlerfrei arbeitet... .

Gespräche zwischen Eltern und Lehrern verlaufen häufig wenig erfolgreich, insbesondere, wenn es nicht um eine Note, sondern um das persönliche Fehlverhalten eines Schülers geht.

Das bekannteste Beispiel, warum auch Lehrer um Elterngespräche nachsuchen ist die (vermeindliche) Störung des Unterrichts.

Als konkretes Beispiel: Ein Lehrer behauptet, Ihr Kind störe den Unterricht und nehme ihn nicht ernst. Ihr Kind bestreitet die Vorwürfe und geht davon aus, der Lehrer verwechsle ihn.

Ein Gespräch zwischen Ihrem Kind und der Lehrkraft verlief ohne Ergebnis.

Was nun? - Grundsätzlich bietet es sich zunächst einmal an, im Gespräch mit Ihrem Kind möglichst viele relevante Informationen zu sammeln, wobei Sie Ihr Kind auf die Konsequenzen von Lügen hinweisen sollten. Nachdem Sie nun den Sachverhalt aus Sicht Ihres Kindes erfahren haben, kann es sinnvoll sein, weitere Klassenkameraden darüber zu befragen, was sich tatsächlich abgespielt hat.

Glauben Sie weiterhin, Ihr Kind sei im Recht, bitten Sie um einen Termin mit der Lehrkraft. Seien Sie bei der Terminwahl möglichst flexibel und gehen Sie auf Vorschläge ein, wobei Sie unbedingt auf Freistunden verzichten sollten. Ansonsten besteht die Gefahr, daß ein Gespräch ohne Ergebnis abgebrochen werden muß, ohne daß ein Ergebnis vorliegt, weil der Lehrer zum Unterricht muß.

Bereiten Sie sich vor. Überlegen Sie sich, was Sie fragen und wie Sie argumentieren wollen, machen sie sich ggf. Notizen. So schützen Sie sich sicher davor, wichtige Punkte im Eifer des Gefechts außer Acht zu lassen.

Versuchen Sie im Gespräch, Ihre Position ergebnisoffen zu präsentieren; vermeiden sie deshalb Formulierungen wie „Sie haben sich getäuscht" oder „Es liegt allein an Ihnen".

Auch Lehrer sind Menschen und reagieren besonders allergisch auf Schuldzuweisungen.

Zum konkreten Gesprächsanlauf:

- Bedanken Sie sich für den Termin, selbst wenn sie warten mußten oder er Ihnen überhaupt nicht passt.

- Machen Sie sich klar: pauschale Schuldzuweisungen verschärfen die Situation unnötig

- Schildern Sie deshalb Ihr Anliegen möglichst sachlich, ohne Vorwürfe und Emotionen.

- Sagen Sie, warum Sie gekommen sind und daß Sie annehmen, daß es Probleme gibt, die Sie gerne versuchen möchten zu klären.

- Lassen Sie dann den Lehrer zu Wort kommen, hören Sie ruhig zu, auch wenn Sie ihn gerne unterbrechen würden. Nachdem er seine Sicht der Dinge darstellen konnte, sind Sie dran.

- Legen Sie dar, wie sich der Sachverhalt aus Sicht Ihres Kindes und ggf. der Mitschüler darstellt. Stellt sich heraus, daß kein Missverständnis oder eine Verwechslung vorliegt, sollten Sie sich bemühen, wenigstens für die Zukunft eine Lösung zu finden.

- Diskutieren Sie dann, welche Möglichkeiten es gibt und zeigen Sie sich kooperativ. Machen Sie deutlich, daß sie eine Lösung des Problems wollen.

- Versuchen Sie am Ende des Gesprächs ein Ergebnis zu formulieren.

Gespräche mit Lehrern 117

- Vereinbaren Sie, daß der Lehrer Sie informiert, falls erneut Probleme auftreten.

Sprechen Sie mit Ihrem Kind über Verlauf und Inhalt des Gesprächs und Ihre Einschätzung. Informieren Sie es über das weitere Vorgehen und konkrete Aussagen. Nur so lassen sich Unklarheiten vermeiden.

Zu Auseinandersetzungen führen häufig auch Leistungsbewertungen in Hinblick auf die mündliche Mitarbeit.

Sind Sie und Ihr Kind mit der mündlichen Note nicht einverstanden, versuchen Sie wiederum ähnlich vorzugehen. Machen Sie sich aber klar, daß Sie im Unterricht nicht dabei sind, d.h. auch hier müssen Sie sich auf die Ausführungen Ihres Kindes und ggf. der Mitschüler verlassen.

Wichtig ist auch hier ein geordnetes Vorgehen und substantielle Kritik. Bevor Sie ein Gespräch suchen, sollten Sie ihr Kind notieren lassen, wie oft es sich meldet und wie oft es zu Wort kommt. Damit liegt zwar kein objektives Ergebnis vor, es ermöglicht aber eine sachliche Auseinandersetzung ohne Pauschalierungen.

Gehen Sie im Rahmen des Gesprächs wie oben beschrieben vor. Machen Sie sich dabei klar, daß es keine wirklich festen Kriterien gibt, sondern daß der Lehrer eine pädagogische Entscheidung trifft. Qualität und Quantität der Unterrichtsbeiträge stellen nur Anhaltspunkte dar.

Erfahrungsgemäß ist es sehr schwer, einen Lehrer von seiner Meinung abzubringen. Versuchen Sie dennoch, ihn zu verstärkter Beobachtung ihres Kindes zu animieren und schlagen Sie ggf. zusätzliche Aufgaben, z.B. Referate etc., vor.

Es gibt immer wieder Gerüchte, welche Lehrer sich in Elterngesprächen offen und kooperativ zeigen und welche nicht. Die Erfahrung zeigt, daß diese Gerüchte zumeist nicht ganz falsch sind.

Dennoch sollte in jedem Fall versucht werden, ein Gespräch zu führen, auch wenn der Lehrer dafür bekannt sein mag, dieses als überflüssig zu erachten. Gerade wenn dieses erfolglos verläuft, kann darauf in Gesprächen mit der Schulleitung oder der Schulbehörde Bezug genommen werden, frei nach dem Prinzip „ich habe schon alles versucht".

Da es aber auch Lehrer gibt, die Elterngespräche als Forum dafür nutzen, ihre Sicht der Dinge darzustellen und auch Anregungen und Kri-

tik wenigstens zur Kenntnis nehmen, sind diese wenigstens einen Versuch wert.

Erfahrungsgemäß werden Elterngespräche vielfach auch angeboten, um eine Art der Kommunikation zu ermöglichen, die im Rahmen von Elternversammlungen infolge der Vielzahl der Teilnehmer nicht möglich ist.

Mein Tip: Wann immer es möglich und Ihnen sinnvoll erscheint, nehmen Sie dieses Angebot wahr. Auf diese Weise lassen sich erste Missverständnisse vielleicht schon ausräumen, ohne daß sie zu großen Konflikten werden.

Kapitel 14 - Probleme mit Lehrern

Leider gibt es immer wieder Fälle, in dem sich Eltern vergeblich um ein Gespräch mit Lehrern bemühen. Aus eigener Erfahrung als Schüler sind mir zahlreiche Fälle bekannt, in denen Lehrer ganz bewusst Gesprächswünsche ablehnten und auch Elternabenden fernblieben.

Der aus dem Elternrecht fließende Auskunftsanspruch der Eltern bezieht sich auf Leistungen und das Verhalten des Kindes in der Schule. Auch der Schüler hat ein Recht darauf, zu erfahren, wie seine Leistungen eingeschätzt und benotet werden.

Allgemeine Elternsprechtage, die häufig kurze Zeit nach den Zeugnissen angeboten werden, sind aufgrund ihrer starken zeitlichen Einschränkungen meist nur unzureichend in der Lage, wirklichen Problemen den ihnen zustehendem Raum zu geben.

Unbestritten ist, daß ein Lehrer auch für eine zeitaufwendige Aussprache erreichbar und offen sein muß.

Es gibt wohl an jeder Schule einige wenige Lehrer, die kennt kaum jemand, da sie weder auf Elternabenden noch auf Elternsprechtagen auftauchen, die auch nie Zeit für ein persönliches Gespräch haben.

Bleiben Sie erst einmal hartnäckig, wenn Ihnen allerdings kein Termin angeboten wird oder erst nach Monaten, sollten Sie sich an die Schulleitung wenden und Ihr Problem schildern. Erfahrungsgemäß kommt dann sehr zügig ein Gespräch zustande.

Die Frage, ob ein Gespräch mit oder ohne Schüler sinnvoller ist, läßt sich naturgemäß nicht pauschal beantworten, zu unterschiedlich sind Persönlichkeiten der Schüler und Lehrer. Bedenken Sie aber, daß ein Gespräch mit dem Lehrer über den Schüler offener und ehrlicher stattfinden kann, wenn dieser nicht anwesend ist. Generell empfiehlt sich bei sehr jungen Schülern eher ein Gespräch ohne diese.

Ein zentrales und immer wiederkehrendes Problem zwischen Schülern und Lehrern besteht darin, daß Schüler diesen nicht verstehen, weil er nicht erklären kann.

Wie in allen Berufsgruppen gibt es geniale und weniger geniale Persönlichkeiten; die statistische Verteilung ist bei Lehrern wahrscheinlich mit anderen vergleichbar - die weniger Genialen fallen nur eher auf.

Wenn davon auszugehen ist, daß das reine Fachwissen eines Lehrers selbst in den Abschlußklassen meist das Niveau von durchschnittlich begabten Abiturienten nur selten übersteigen wird, wird deutlich, worauf es eigentlich ankommt: auf die Vermittlung, das Erklären und Veranschaulichen.

Auch diese Gabe beherrschen leider nicht alle Lehrer. Daher ist der Vorwurf der Schülerschaft, der Stoff sei unverständlich und daher langweilig, nicht selten.

Als Eltern oder Schüler hat man faktisch kaum eine Möglichkeit, einen Lehrer vor Schuljahresende „loszuwerden". Also bleibt in der Regel nichts anderes übrig, als zu versuchen, durch häusliche Arbeit und Nachhilfe den Stoff nachzuarbeiten. Parallel dazu macht ein Gespräch mit dem betreffenden Lehrer nur dann Sinn, wenn es wirklich ein Problem ist, das die gesamte Klasse betrifft. Sind nur einzelne Schüler betroffen, wird sich kaum der Nachweis führen lassen, daß die Ursache allein auf Seiten des Lehrers liegt. Auch ein noch so guter Lehrer kann nicht sicherstellen, daß alle Schüler seinen Ausführungen gleich gut folgen können.

Bedenken Sie, daß eine Klasse immer eine bunte Mischung verschiedener Neigungen und Begabungen ist. Daraus ergibt sich eine klassische Verteilung in ein meist relativ großes Mittelfeld, eine sehr kleine Spitze und eine Gruppe, die den Anforderungen nur schwach genügen kann. In Zahlen etwa: Mitte ca. 50 - 60%, Spitze ca. 15-20 % und der Rest a. 20-30 %, wobei Schwankungen im Bereich von ca. 10 % noch normal sind.

Schreiben nun aber dauerhaft mehr als 30 % der Schüler Arbeiten, die selbst nicht mehr mit schwach ausreichend bewertet werden, oder müssen mehrere Arbeiten von der Schulleitung genehmigt werden, liegt die Ursache nicht allein auf Schülerseite.

Wenn mindestens die Hälfte der Klasse dauerhaft Verständnisprobleme hat, die nicht auf ein gerade behandeltes, besonders komplexes

Probleme mit Lehrern 121

Thema zurückzuführen sind, macht ein Gespräch mit dem betreffenden Lehrer Sinn, wobei hier unbedingt auf Sachlichkeit zu achten ist.

Um diesem eine Vielzahl von Gesprächen zu ersparen, macht es Sinn, den Elternvertreter oder einen aus dieser Gruppe der betroffenen Eltern heraus zu bestimmen.

Wichtig sind wiederum eine gute Vorbereitung und Fakten, Fakten, Fakten:

Exemplarisch seien Punkte genannt, die angesprochen werden können:

- Wie viel Schüler sind betroffen (ggf. Namen)?

- Wie äußert sich das Problem (Probleme mit den Hausaufgaben, schlechter Zensurendurchschnitt)?

- Wo liegen die Ursachen Ihrer Auffassung nach (Klasse zu groß, zu viel Stoff, zu wenig Übungsaufgaben)?

Achten Sie unbedingt darauf, auf pauschale Verurteilungen und Schuldzuweisungen zu verzichten, nach dem Motto „Sie sind unfähig". Versuchen Sie - soweit möglich - am Ende des Gesprächs eine einvernehmliche Lösung anzustreben.

Sollte dieses Gespräch nicht fruchten und auch in den nächsten Monaten sich der status quo nicht verändern, kommt als nächster Schritt ein Gespräch mit der Schulleitung in Betracht, um zu versuchen, im Rahmen der nächsten Lehrerverteilung für den Einsatz einer anderen Lehrkraft zu sorgen.

Als ultima ratio bleibt dann, wenn alle anderen Versuche erfolglos waren, ein Gespräch mit der oder eine Mitteilung an die Schulbehörde.

Seit einiger Zeit gibt es vor allem in Hamburg vor dem Hintergrund des neuen Lehrerarbeitszeitmodells, vermehrt Probleme im Zusammenhang mit Klassenfahrten, zu deren Durchführung Lehrer immer weniger bereit sind.

Klassenfahrten waren in vielen Schulen über Jahrzehnte fester Bestandteil des schulischen Alltags. Während Schüler die unterrichtsfreie Zeit sehr begrüßen, gibt es immer mehr Lehrer, die diesen zunehmend ablehnend gegenüber stehen.

Die Frage, ob sich ein Klassenlehrer weigern darf, eine Klassenfahrt durchzuführen, wird auch seitens der Gerichte nicht einheitlich beurteilt. Das Bundesarbeitsgericht hat ein solches Weigerungsrecht jedoch mit der Begründung abgelehnt, daß es sich um eine geradezu klassische Aufgabe des Lehrerberufs handle.

Im Einzelfall kann bei Fahrten, die ein besonders Gefährdungsrisiko in sich bergen, etwas anderes gelten.

Geradezu klassisch sind Streitigkeiten im Zusammenhang mit Klassenarbeiten und deren Bewertung.

Grundsätzlich obliegt es dem Lehrer, über Inhalt, Gewichtung und Schwierigkeitsgrad seiner Arbeiten zu entscheiden, solange er sich innerhalb des Rahmens der gesetzlichen Bestimmungen (z.B. Lehrpläne) hält.

Zu bedenken ist bei Beschwerden dieser Art immer, daß Lehrern grundsätzlich ein Gestaltungs- und Beurteilungsspielraum eingeräumt wird. Das heißt konkret, daß Beschwerden nur dann Erfolg haben werden, wenn sich nachweisen läßt, daß die gesamte Klasse oder zumindest große Teile davon überfordert sind.

Ein schlechter Ausfall einer oder mehrerer Klassenarbeiten kann auf zahlreichen Gründen beruhen und muß keinesfalls immer im Zusammenhang mit dem Schwierigkeitsgrad der Arbeit gesehen werden.

Fallen aber Arbeiten dauerhaft so schlecht aus, daß sie seitens der Schulleitung genehmigt oder nachgeschrieben werden müssen, sind Bedenken angebracht.

In einem Gespräch sollte unbedingt darauf geachtet werden, daß Eltern gerade kein Mitspracherecht bei der Unterrichtsgestaltung zusteht und diese originäre Aufgabe der Lehrkraft ist. Dementsprechend werden Gespräche zu diesem Thema auf Seiten der Lehrer gerne als unangemessene Einmischung in eigne Angelegenheiten verstanden.

Daher ist besonders auf eine sachliche und distanzierte Darstellung und Diskussion der Problematik Wert zu legen.

Achten Sie also auf die Präsentation möglichst vieler Fakten.

Sinnvoll können immer Vergleiche mit dem Ausfall einer Arbeit in der Parallelklasse sein. Auch Hinweise auf einen starken Leistungsabfall vie-

Probleme mit Lehrern 123

ler Schüler oder entsprechende Notensprünge von mehr als einer Note können ein Zeichen für Schwierigkeiten zwischen dem Lehrer und seinen Schülern sein.

Wichtig ist allerdings, stets zu bedenken, daß eine tatsächliche Überforderung auch voraussetzt, daß ein Großteil der Schüler tatsächlich betroffen ist.

Manchmal ist es aber einfach auch die „Chemie", die zwischen Lehrern und Schülern nicht stimmt.

Jeder ehemalige Schüler kann sich an sympathische und engagierte, aber eben auch an den klassischen „Beamtentypus" im negativen Sinn erinnern.

Lehrer haben aufgrund des ihnen eingeräumten Gestaltungsspielsraums eine nicht zu unterschätzende Machtposition inne. Sie sind in der Lage durch den gezielten Einsatz diese Macht mehr oder weniger stark auszuleben. Aufgrund der großen Abhängigkeit von der Gunst des Lehrers trifft es insbesondere leistungsschwächere Schüler besonders hart, wenn sie bei einem Lehrer in Ungnade fallen.

Natürlich ist immer ein Stück Unprofessionalität dabei, wenn ein Lehrer seine Sympathien offen zeigt, dennoch sind derartige Vorkommnisse keinesfalls selten.

Leider ist es weder Eltern noch Schülern schon aus rein organisatorischen Gründen möglich, sich Lehrer auszuwählen. Daher bleibt grundsätzlich nichts anderes üblich, als zu versuchen, mit dem betreffenden Lehrer so gut es geht auszukommen. Wenn es doch einmal zu Problemen kommt, können Gespräche auch mit der Schulleitung oder der Schulbehörde weiterhelfen. Solange es aber nur um fehlende Sympathie oder ähnliches geht und keine echten Probleme aufgetreten sind, kommt eine wie auch immer geartete Abwahl nicht in Betracht.

Falls es allerdings massive Probleme eines Schülers mit einem Lehrer gibt, kommt ein Wechsel in die Parallelklasse immer in Betracht und sollte auch zumindest erwogen werden.

Kapitel 15 - Der Weg vor Gericht

Vieles läßt sich in Gesprächen miteinander klären, doch gelegentlich ist die Entscheidung eines objektiven Dritten erforderlich, manchmal ist eine gerichtliche Klärung einer Streitfrage unumgänglich.

Es steht außer Frage, daß grundsätzlich immer zunächst versucht werden sollte, eine außergerichtliche Lösung für Probleme und Konflikte zu finden. Erfahrungsgemäß wird dies in der Mehrzahl der Fälle auch gelingen. Dennoch ist es dann, wenn eine außergerichtliche Lösung nicht möglich ist, gut zu wissen, daß Rechtsschutzmöglichkeiten bestehen und wie diese konkret ausgestaltet sind. Es sollte keinesfalls die Unkenntnis über bestehende Möglichkeiten sein, die Eltern und Schüler davon abhält, ihre Rechte selbstbewusst wahrzunehmen.

Allgemeine Fragen des Rechtschutzes im Schulwesen

Die nachfolgenden Ausführungen sollen dazu dienen, einen ganz groben Überblick über die Zulässigkeitsvoraussetzungen zu erlangen. Dabei sollten Sie sich von den Anforderungen nicht abschrecken lassen. Wenn Sie erwägen, eine gerichtliche Klärung herbeizuführen, wird sich in aller Regel ohnehin die Konsultation eines Rechtsanwalts empfehlen.

Kläger ist in der Regel der betroffene Schüler, der sich, sofern er die Volljährigkeit noch nicht erreicht hat, durch seine Eltern vertreten lassen muß.

Daneben oder an seiner Stelle können auch die Eltern klagen, sofern ihr Elternrecht beeinträchtigt wird.

Wird beispielsweise eine Anfechtungsklage erhoben, so verlangt die Verwaltungsgerichtsordnung (§§ 68ff. VwGO), daß zunächst ein Vorverfahren, auch Widerspruchsverfahren genannt, durchgeführt wird. Dadurch erfolgt in der Regel eine Überprüfung durch die nächsthöhere Behörde. Dieses Vorverfahren dient verschiedenen Zielen: Zum einen soll auf diese Weise eine Selbstkontrolle der Behörde gewährleistet, dem Bürger Rechtsschutz ermöglicht und die Gerichte entlastet werden.

Anfechtungs- und Verpflichtungsklagen sind nur innerhalb einer Klagefrist möglich; diese Klage muß einen Monat nach Zustellung des Widerspruchsbescheids erhoben werden (§ 70 VwGO). Die Frist beginnt

allerdings nur zu laufen, wenn eine schriftliche und ordnungsgemäße Rechtsbehelfsbelehrung erfolgt ist. Wird die Klagefrist versäumt, ist nur unter sehr engen Voraussetzungen eine Wiedereinsetzung in den vorigen Stand möglich (§ 60 VwGO). Daher ist, sobald irgendwo eine Frist auftaucht, immer dringend anzuraten, diese unbedingt einzuhalten, da ansonsten erhebliche Nachteile drohen.

Die allgemeine Leistungsklage und die Unterlassungsklage sind nicht fristgebunden.

Weiterhin ist erforderlich, daß das Rechtschutzinteresse vorliegt, also ein schutzwürdiges Interesse, daß sich das Gericht mit der streitigen Frage befaßt. Dieses Kriterium wird in der Praxis wohl nahezu immer erfüllt sein; es dient lediglich dazu, diejenigen Fälle auszusondern, in denen erkennbar kein wirkliches Interesse an einer gerichtlichen Klärung besteht oder eine Entscheidung auch anderweitig erreicht werden kann.

Weil Rechtsschutz keine Frage des Geldes sein sollte, besteht die Möglichkeit, Prozeßkosten- oder Beratungshilfe zu beantragen, wenn die zur Verfügung stehenden finanziellen Mittel eine gesetzlich vorgegebene Grenze nicht überschreiten.

Prozeßkostenhilfe wird auch als gerichtliche Sozialhilfe bezeichnet; Sinn ist das Existenzminimum nicht durch die Belastung mit Prozeßkosten zu gefährden und die Chancengleichheit vor Gericht zu wahren.

Das Prozeßkostenhilfeverfahren (PKH) ist ein eigenständiges Verfahren.

Die Voraussetzungen im groben Überblick:

Erforderlich ist ein Antrag an das Prozeßgericht:

Die Erfolgsaussichten des Antrags müssen schlüssig dargelegt werden, in der Regel durch Beifügung der Klage oder Klageerwiderung

Im Vordruck sind die persönlichen und wirtschaftlichen Verhältnisse darzustellen. Diese Erklärung wird mit den erforderlichen Belegen in einem Sonderheft aufbewahrt, welches dem Gegner auch bei Akteneinsicht aus Gründen des Datenschutzes nicht zugänglich gemacht wird.

Der Weg vor Gericht 127

Weiterhin muß die hinreichende Erfolgsaussicht der Klage gegeben sein, denn die Prozeßkostenhilfe soll nur demjenigen zugute kommen, der nicht mutwillig die Gerichte in Anspruch nimmt.

Die Rechtsverfolgung verspricht Erfolg, wenn die Klage oder der Antrag zulässig und schlüssig ist und soweit für die streitigen Behauptungen Beweis angeboten wird.

Die Rechtsverteidigung verspricht Erfolg, wenn das Bestreiten erheblich ist und für die streitigen Behauptungen Beweis angeboten worden wird.

Ist die Sach- und/oder Rechtslage völlig offen, dann erhalten beide Parteien gleichzeitig Prozeßkostenhilfe.

Die Rechtsverteidigung oder Rechtsverfolgung darf nicht mutwillig sein, d.h. eine verständige Partei würde auch ohne PKH ihr Recht in gleicher Weise verfolgen.

Der Kläger darf infolge seiner finanziellen Verhältnisse nicht in der Lage sein, die Kosten der Prozeßführung zu tragen.

Der PKH kommen folgende Wirkungen zu:

Der beigeordnete Rechtsanwalt darf von der Partei kein Honorar verlangen; er wird aus der Staatskasse bezahlt.

Die Gerichtskosten kann die Staatskasse nur nach Maßgabe des Bewilligungsbeschlußes geltend machen.

Bei Obsiegen der PKH-Partei steht ihr ein prozeßualer Kostenerstattungsanspruch gegen die verurteilte Gegenpartei zu.

Kein Schutz vor dem prozeßualen Kostenerstattungsanspruch des obsiegenden Gegners; dieser darf seine außergerichtlichen Kosten sowie die bereits gezahlten Gerichtskosten beitreiben.

Gegen die Versagung der Prozeßkostenhilfe oder eine Belastung, z.B. durch zu hohe Raten gibt es wiederum Möglichkeiten, sich zu wehren.

Im Folgenden sollen im groben Überblick die Grundzüge des Verwaltungsprozeßes dargestellt werden. Auch wenn im Verwaltungsprozeß kein Anwaltszwang herrscht, also Eltern den Prozeß auch allein führen können, so kann dazu nicht geraten werden, da die rechtlichen und pro-

zeßualen Besonderheiten es für Nichtjuristen sehr schwierig machen, ihre Interessen erfolgreich wahrzunehmen.

Die Zulässigkeit des Verwaltungsrechtswegs

Zunächst ist die Frage zu klären, welches Gericht zuständig ist.

Nach § 40 Absatz 1 der Verwaltungsgerichtsordnung (VwGO) ist der Verwaltungsrechtweg bei allen öffentlich-rechtlichen Streitigkeiten nicht verfassungsrechtlicher Art eröffnet, soweit keine anderweitige Zuweisung vorliegt.

Schulrechtliche Beziehungen sind grundsätzlich öffentlich-rechtlicher Art. Maßgebend sind dabei nicht Fragen der Über- oder Unterordnung, sondern inwieweit seitens der Schule oder Schulverwaltung hoheitlich gehandelt wird.

Im Grundsatz gilt daher, daß bei Streitigkeiten im Zusammenhang mit staatlichen Schulen eine Klage vor dem Verwaltungsgericht grundsätzlich möglich ist.

Anders ist das Rechtsverhältnis zwischen Schülern und dem Träger einer Privatschule zu beurteilen; in der Regel liegt eine privatrechtliche Ausgestaltung der Grundstruktur vor. Daher kann in diesen Konstellationen nicht vor den Verwaltungsgerichten geklagt werden.

Anders stellt sich die Situation wiederum dar, wenn es um die Anerkennung von Abschlüssen, um Klagen der Privatschulen gegen den Staat auf Genehmigung o.ä. geht. Diese Fragen fallen dann wiederum doch in den Zuständigkeitsbereich der Verwaltungsgerichte.

Auf Einzelheiten, die nur Ersatzschulen betreffen, soll aufgrund der geringeren praktischen Relevanz nicht näher eingegangen werden.

Weitere Prozeßvoraussetzungen

Neben der Zuständigkeit des Verwaltungsgerichts müssen eine Reihe weiterer Voraussetzungen vorliegen, damit eine Klage möglich ist.

Da nicht jeder, der mit einer schulischen Maßnahme unzufrieden ist, einen Anspruch darauf hat, daß das Verwaltungsgericht die Rechtmäßigkeit überprüft, ist als weitere Voraussetzung die persönliche Belas-

Der Weg vor Gericht   129

tung des Klägers erforderlich. Weiterhin müssen die geltend gemachten Vor- und Nachteile auf einer rechtlich geschützten Position des Klägers beruhen.

Im Grundsatz nicht möglich ist es also, nicht eigene Rechte, sondern die Dritter geltend zu machen.

Geht es beispielsweise um eine Anfechtungs- oder Verpflichtungsklage, so ist die sogenannte Klagebefugnis nach § 42 Absatz 2 der Verwaltungsgerichtsordnung erforderlich. Danach muß der Kläger geltend machen, daß er durch einen Verwaltungsakt bzw. durch seine Ablehnung in seinen Rechten verletzt sein kann, wobei die bloße Möglichkeit ausreicht. Wichtig ist aber, daß gerade der Kläger in seinen Rechten betroffen ist und nicht eine andere Person.

Besondere Probleme ergeben sich im Bereich der schulorganisatorischen Maßnahmen.

Einem Schüler wird die Klagebefugnis insbesondere dann abgesprochen, wenn sich die Maßnahme als einfache Regelung des einfachen Schulbetriebs herausstellt und unterhalb der Schwelle rechtserheblicher Maßnahmen liegt.

Darüber hinaus ist es wichtig zu bedenken, daß die Aufgabe der Gerichte gerade nicht darin liegt, eine allgemeine Begutachtung der Rechtslage anzustellen oder rechtsgestaltend tätig zu werden. Im Mittelpunkt des Prozeßes steht vielmehr eine konkrete Maßnahme, die den Kläger selbst betrifft.

Da die Feststellungsklage in der Praxis nur untergeordnete Bedeutung zukommt, lassen sich im groben zwei Klagearten unterscheiden:

- mit der Anfechtungs-, Beseitigungs- oder Unterlaßungsklage wendet sich der Kläger gegen eine belastende Maßnahme,

- mit der Leistungs- oder Verpflichtungsklage will er eine für ihn günstige Maßnahme erstreiten.

Für die Qualifizierung des Rechtsschutzbegehrens ist entscheidend, ob ein Verwaltungsakt vorliegt. Nach § 35 des Verwaltungsverfahrensgesetzes liegt ein solcher immer dann vor, wenn es sich um eine Verfügung, Entscheidung oder andere hoheitliche Maßnahme handelt, die eine Behörde zur Regelung eines Einzelfalls auf dem Gebiet des öffentli-

chen Rechts trifft und die auf unmittelbare Rechtswirkung nach außen gerichtet ist.

Probleme im Bereich des Schul- und Prüfungsrechts bereitet regelmäßig das Kriterium „unmittelbare Rechtswirkung nach außen". Anerkannt ist zwar, daß alle Maßnahmen, die den Status des Schülers begründen, ändern oder aufheben sowie Prüfungs- und Versetzungsentscheidungen als Verwaltungsakte zu qualifizieren sind. Im Übrigen wird vielfach darauf abgestellt, ob es sich im Einzelfall um ein verbindliches und direktes Verhaltensgebot handelt, das als Beschränkung der persönlichen Freiheit des Schülers verstanden wird.

Dies ist regelmäßig nicht der Fall, wenn die Schule fördernd, anregend und alltägliche Dinge regelnd in Erscheinung tritt.

Disziplinarmaßnahmen sind also dem Bereich der rechtlichen Regelung bei weitem näher als beispielsweise Einzelheiten der Unterrichtsgestaltung, die in der Regel keinen unmittelbar rechtsregelnden Gehalt haben.

Nicht nur persönlichen Verhaltensgeboten, sondern auch rechtlichen Zustandsregelungen, z.B. die Bestimmung des Namens, der Konfessionalität der Schule oder schulischen Organisationsakten, die über die reine Regelung des laufenden Schulbetriebs hinausgehen, kommt Verwaltungsaktsqualität zu.

Der Verwaltungsprozeß wird von der Untersuchungsmaxime beherrscht, d.h. das Verwaltungsgericht erforscht den Sachverhalt von Amts wegen.

Die Aufklärung seitens des Gerichts beschränkt sich allerdings auf die Rechtmäßigkeit einer schulischen Maßnahme, insbesondere muß das Gericht in bestimmten pädagogischen Fragen Grenzen respektieren.

Immer dort, wo sogenanntes Ermessen eingeräumt ist, wo sich aus einer Norm nicht nur eine rechtmäßige Rechtsfolge ableiten läßt, ist das Gericht darauf beschränkt, eine Entscheidung auf bestimmte Fehlertypen zu untersuchen. Eigene Zweckmäßigkeitserwägungen sind dem Gericht verwehrt.

Eignungs- und Leistungsbewertungen im Bereich des Schul- und Prüfungsrechts unterliegen nur einer eingeschränkten gerichtlichen Kontrol-

Der Weg vor Gericht 131

le. Begründet wird dies im Wesentlichen damit, daß sich eine Prüfungssituation nicht voll rekonstruieren läßt und das Gericht nicht befugt und häufig auch gar nicht in der Lage ist, Eignung und Leistung des Schülers anstelle der dazu berufenen Prüfer einzuschätzen und zu bewerten.

Es ist auch nachvollziehbar, daß das Gericht keine komplette Überprüfung dahin vornehmen wird, ob alle während eines Schuljahres getroffenen Einzelbeurteilungen zutreffend sind. Dazu besitzt das Gericht weder die praktischen Möglichkeiten noch die Sachkunde. Daher gelten in diesem Bereich Sonderregelungen.

Gegen Urteile des Verwaltungsgerichts bestehen dann die Möglichkeiten, Rechtsmittel (Berufung, Revision) einzulegen. Nach Erschöpfung des Rechtsweges kann dann, soweit eine Grundrechtsverletzung geltend gemacht wird, eine Verfassungsbeschwerde beim Landes- oder Bundesverfassungsgericht eingelegt werden.

Kosten

Eine wichtige Frage ist die nach den zu erwartenden Kosten. Zunächst sollte getrennt werden zwischen dem außergerichtlichen Verfahren (Widerspruchsverfahren) und dem Gerichtsverfahren.

Außergerichtlich können folgende Kosten entstehen:

Im Nichterfolgsfall:

- Kosten im Falle eines ablehnenden Widerspruchsbescheids
- Kosten für die Inanspruchnahme eines Rechtsanwalts.

Im Erfolgsfall:

- Kosten für die Inanspruchnahme eines Rechtsanwalts

Wird eine sog. Abhilfeentscheidung getroffen, übernimmt die zuständige Behörde in vielen Fällen auch die Rechtsanwaltskosten.

Rechtsschutzversicherungen übernehmen in diesem Verfahrenstadium in der Regel keine Kosten.

Befindet sich die Sache bereits vor Gericht, so gestalten sich die Kosten wie folgt:

- Der Kläger ist zunächst verpflichtet, vor der Zustellung der Klage die Verfahrensgebühr zu zahlen; es sei denn, es wurde Prozeßkostenhilfe beantragt.

- Grundsätzlich gilt, daß derjenige, der den Prozeß verliert, auch die Kosten tragen muß.

Mit anderen Worten: Haben Eltern mit einer Klage in der Sache Erfolg, tragen sie keine Kosten. Auch die durch das Widerspruchsverfahren entstandenen Kosten werden dann erstattet.

Rechtsschutzversicherungen geben in der Regel eine Kostenzusage für das Klageverfahren. Dies gilt auch für den einstweiligen Rechtsschutz.

Kapitel 16 - Einstweiliger Rechtsschutz

Es dauert, abhängig von der Arbeitsbelastung der Gerichte, sehr oft sehr lange, bis eine Entscheidung, also ein Urteil vorliegt. Gibt es weitere Instanzen, vergehen in der Regel Jahre bis eine rechtskräftige Entscheidung vorliegt.

In Hamburg dauert es einer aktuellen Statistik zufolge im Schnitt 16 Monate, bis das Verwaltungsgericht erstinstanzlich entschieden hat.

Im Bereich von Prüfungen und Versetzungen kommt dem vorläufigen Rechtsschutz daher erhebliche Bedeutung zu, weil Leistungen und deren Bewertung oft schon nach kurzer Zeit nicht mehr oder nur schwer zu kontrollieren oder nachzuvollziehen sind.

Aber auch in anderen Bereichen von Schule und Unterricht kann der vorläufige Rechtsschutz Relevanz erhalten. Zu beachten ist jedoch, daß keine Regelungen erwirkt werden können, die die Hauptsache praktisch vorwegnehmen. Diese Möglichkeit besteht nur in Ausnahmefällen, so, wenn irreparable Schäden auftreten oder die Klage offensichtlich Erfolg versprechend ist.

Grundsätzlich ist zwischen zwei Verfahrensarten zu unterscheiden: Rechtsschutz über § 80 Absatz 5 der Verwaltungsgerichtsordnung kommt in Betracht, wenn es sich bei der Maßnahme, gegen die vorgegangen werden soll, um einen Verwaltungsakt handelt. Bei allen anderen Maßnahmen kommt die einstweilige Anordnung nach § 123 der Verwaltungsgerichtsordnung in Betracht.

Kapitel 17 - Nachhilfe

Die Statistiken belegen es - Nachhilfe liegt voll im Trend und wird zunehmend auch von sehr jungen Schülern in Anspruch genommen. Wenn Eltern mit dem Gedanken spielen, Nachhilfeunterricht in Anspruch zu nehmen, so ist zuvor meist ein mehr oder weniger langer Prozeß vorangegangen, in dem erfolglos versucht wurde, die schulischen Probleme innerhalb der Familie zu lösen.

Meiner Erfahrung nach schlägt dieser gut gemeinte und zweifellos auch preiswerteste Versuch nahezu immer fehl, da auf diese Weise schulische Schwierigkeiten und private Probleme vermengt werden. Oftmals ist auch zu beobachten, daß sich Schüler von Eltern weniger gerne Dinge erklären lassen als von fremden Dritten. Die neutrale Person ist darüber hinaus auch am ehesten in der Lage, Leistung zu fordern und zu fördern.

In der Regel trägt Nachhilfeunterricht nicht nur zu einer Leistungssteigerung des Schülers bei, sondern auch zu einer Konfliktvermeidung innerhalb der Familien. Dadurch, daß die schulischen Probleme ein Stück weit „ausgelagert" wurden, belasten sie das familiäre Klima weniger.

Die Frage, vor der Eltern dann stehen, wenn sie sich erst einmal für Nachhilfe entschieden haben, daß „ob" als geklärt ist, ist das „wie".

Es gibt sie nahezu überall - die Nachhilfeinstitute, die für monatliche Beiträge eine Betreuung der Schüler anbieten. Eltern haben dann die Wahl, ob sie sich für ältere Schüler/Studenten/Lehrer entscheiden oder ein häufig überregional tätiges Institut wählen.

Natürlich sind im Einzelfall eine Vielzahl von Faktoren zu berücksichtigen, nicht zuletzt auch die Frage, wie der Schüler den Unterrichtenden erreichen kann und welcher Aufwand dafür nötig ist.

Mir ist ein Fall bekannt, in dem eine Mutter sich in die Fänge eines Instituts begeben und einen Vertrag unterschreiben hat, der sie verpflichtete, einen monatlichen Beitrag zu zahlen und zwar auch bei Krankheit, Ferien oder sonstiger Verhinderung. Sie hatte eine sechsmonatige Kündigungsfrist einzuhalten und als Gegenleistung wurde ihr Kind in einer Gruppe von vier weiteren Kindern von einem Studenten beaufsichtigt. Dafür nahm sie für Hin- und Rücktour eine 90-minütige Fahrzeit in Kauf.

Dieses Beispiel ist nicht frei erfunden, sondern läßt sich aus der Not der Mutter, dringend Nachhilfe in Anspruch nehmen zu wollen, erklären.

Meiner Erfahrung nach sind kommerzielle Nachhilfeinstitute sehr teuer, da sie auf Gewinnerzielung angelegt sind. Anders ist dies naturgemäß bei Studenten oder Lehrern, die Nachhilfe in der Regel nebenbei anbieten.

Mein Tip: Seien Sie kritisch und vergleichen Sie die Angebote. Lesen Sie die Verträge sorgfältig durch und sprechen Sie Ihre Fragen offen aus. Seien Sie kritisch, wenn Sie gleichzeitig, die vom jeweiligen Institut herausgegebenen Lernhilfen oder Bücher erwerben müssen oder weitere, unter Umständen versteckte, Kosten auf Sie zukommen.

Achten Sie vor allem darauf,

- daß nicht wahrgenommene Termine zumindest in den Ferien nicht berechnet werden,
- dass die Kündigungsfrist möglichst kurz ist (nicht länger als vier Wochen),
- dass möglichst Einzelunterricht stattfindet oder kleine Gruppen (maximal 3 Schüler) gebildet werden,
- dass eine fachliche Qualifikation der Unterrichtenden vorhanden und eine persönliche Betreuung gesichert ist,
- dass ein vorheriger Test des Angebots möglich ist.

Ich persönlich stehe Instituten, die 5 Schüler gleichzeitig betreuen und dabei allen gerecht werden wollen, kritisch gegenüber, da mir nicht klar ist, wie so eine individuelle Förderung möglich sein soll. Eltern berichten mir immer wieder, daß eine Leistungssteigerung kaum eintritt, da infolge des häufigen Personalwechsels bei Instituten das erforderliche Vertrauensverhältnis sich nicht entwickeln kann.

Auch wenn Einzelunterricht bei einem Lehrer oder Studenten auf die einzelne Stunde bezogen Ihnen zunächst teuer erscheinen mag, häufig

Nachhilfe 137

ist dieses Angebot fairer und Erfolg versprechender, zumal keine lange vertragliche Bindung besteht. Nachhilfeinstitute sind Wirtschaftsunternehmen, die auf Gewinn ausgerichtet sind. Machen Sie sich klar, nur jemand der wirtschaftlich nicht allein von der Nachhilfe abhängig ist, kann das bessere Angebot machen!

Suchen Sie sich jemanden aus, der Ihnen und Ihrem Kind sympathisch ist, da nur so ein sinnvolles Arbeiten möglich ist und nehmen Sie möglichst Einzelunterricht in Anspruch. Nur so ist eine optimale, persönliche Betreuung gesichert.

Die Frage, in welchem zeitlichen Rahmen mit ersten Erfolgen zu rechnen ist, vermag wohl niemand seriös zu beantworten – zu unterschiedlich sind die Persönlichkeiten und individuellen Schwierigkeiten der Schüler. Rechnen Sie auf jeden Fall mit einem Zeitraum von mehreren Monaten – für Wunder ist eine andere Institution zuständig.

Auch wenn es Geld kostet, aber brechen Sie den Unterricht nicht zu früh ab, um das erreichte Niveau auch langfristig stabilisieren zu können, sonst ist der gerade erreichte Erfolg vielleicht nur von kurzer Dauer. Sind Sie sich unsicher, wann der Unterricht beendet werden sollte, sprechen Sie offen darüber. Ein seriöser Nachhilfelehrer wird Ihnen sicherlich weiterhelfen können.

Sinnvoll kann es auch sein, von dem reinen Unterricht auf eine Betreuung zu wechseln, in dessen Rahmen dann alle in einer Woche im Unterricht oder bei Hausaufgaben auftauchenden Fragen geklärt werden können. An Stelle des Unterrichts tritt dann eine Art „Fragestunde", die auch nicht auf ein Fach beschränkt werden sollte. Aus meiner eigenen Erfahrung ist dieses Modell bei Schülern sehr beliebt, da in diesem Rahmen dann auch ganz allgemeine Fragen, z.B. die Wahl der Prüfungsfächer, geklärt werden oder Referate besprochen werden können.

In dieser naturgemäß sehr entspannten Atmosphäre gelingt dann in der Regel das, was zu Hause sich kaum erreichen läßt – eine konstruktive Diskussion.

Kapitel 18 - Häufig gestellte Fragen

Nachfolgend eine Zusammenstellung von Fragen, die erfahrungsgemäß sehr häufig gestellt werden und daher auf ein breites Interesse stoßen.

Amtshaftungsansprüche

Frage: Bei welchem Gericht können Amtshaftungsansprüche geltend gemacht werden?

Antwort: Für Klagen, mit denen Amtshaftungsansprüche geltend gemacht werden sollen, ist der sog. ordentliche Rechtsweg gegeben. Zuständig ist in erster Instanz das Landgericht.

Anwalt

Frage: Werde ich meinem Kind nicht mehr schaden als nützen, wenn ich mich an einen Anwalt wende?

Antwort: Eltern scheuen sich erfahrungsgemäß sehr lange, anwaltliche Hilfe in Anspruch zu nehmen, weil sie befürchten, daß ihr Verhalten ihrem Kind schaden könnte. Aus meiner Erfahrung ist das Gegenteil der Fall. Viele Lehrer nehmen die Beteiligung eines Anwalts zum Anlaß, ihr Verhalten zu überprüfen und etwaige Ordnungsmaßnahmen sorgfältig zu überdenken, wenn sie wissen, daß alles, was sie tun, von einem Anwalt überprüft wird.

Sollte das Gegenteil der Fall sein und der Schüler nun unter dem Lehrer zu leiden hat, sollte dies ein Grund mehr sein, sich zu wehren. Grundsätzlich läßt sich sicherlich sagen, daß je schwerer eine bestimmte Maßnahme oder je dramatischer die daraus folgenden Konsequenzen, desto eher ist es angebracht, sich - ggf. auch anwaltlich - beraten zu lassen.

Attest

Frage: Wenn ein Schüler krank war, aber erst Tage später ein ärztliches Attest einholt, ist dann die Schule berechtigt, dessen Inhalt anzuzweifeln?

140   Häufig gestellte Fragen

Antwort: Zunächst einmal Folgendes: Grundsätzlich darf die Schule ein ärztliches Attest erst dann verlangen, wenn begründete Zweifel an der sachlichen Richtigkeit einer "normalen Entschuldigung" bestehen oder ein erheblicher Zeitraum, meist eine Woche, abgelaufen ist. In der Regel ist bei kürzeren Fehlzeiten eine ´schriftliche Entschuldigung der Eltern ausreichend.

In diesem Fall stellt sich das Problem, daß sie eigentlich noch am selben Tag zum Arzt hätten gehen müssen und zwar im eigenen Interesse, denn natürlich ist die Sache immer glaubwürdiger, wenn schnell ein Attest folgt.

Was grundsätzlich nicht möglich ist, ist eine Arbeit zunächst mitzuschreiben und dann im Nachhinein das Ergebnis mit der Vorlage eines ärztlichen Attests zu annullieren.

Ausschluß vom Unterricht I

Frage: Wann ist eine Schulordnungsmaßnahme mit einem fünftägigen Ausschluß vom Unterricht rechtmäßig?

Antwort: Ein fünftägiger Ausschluß stellt eine schwere Maßnahme dar, die entsprechend schwerwiegende Regelverstöße erfordert. Dies wird bei einem einmaligen Fehlverhalten eines Schülers in der Regel nicht der Fall sein.

Sinnvoll und unbedingt zu empfehlen ist die Durchführung eines Widerspruchsverfahrens.

Ausschluß vom Unterricht II

Frage: Darf ein Lehrer einen Schüler im Unterricht vor die Tür schicken?

Antwort: Grundsätzlich darf ein Lehrer das Fehlverhalten eines Schülers ahnden, indem er ihm kurz vor die Tür schickt. Voraussetzung ist aber, daß tatsächlich etwas vorgefallen ist. Unzulässig sind beispielsweise Kollektivstrafen für die ganze Klasse, weil unklar ist, wer der Täter war.

Bei den Ordnungsmaßnahmen im Sinne des Schulgesetzes (Ausschluß vom Unterricht, Verweis etc.) ist darüber hinaus das Verfah-

Häufig gestellte Fragen 141

ren einzuhalten, d.h. Schüler und Eltern sind anzuhören, die Klassenkonferenz muß beschlußfähig sein ..... Die Maßnahme muß dann auch noch geeignet, erforderlich und angemessen sein.

Beleidigungen

Frage: Darf ein Lehrer einen Schüler beleidigen?

Antwort: Nein! Ein Lehrer darf sachlich kritisieren, aber einen Schüler keinesfalls beleidigen. Schimpfworte sind nicht nur unangebracht und pädagogisch daneben, sondern auch strafrechtlich relevant. Dem Lehrer drohen im schlimmsten Fall strafrechtliche Konsequenzen, wenn ein Schüler beispielsweise Anzeige erstattet.

Auch Schüler sollten sich allerdings bei ihrer Kritik um Sachlichkeit bemühen und Lehrer nicht auf der persönlichen Ebene angreifen.

Bewertung

Frage: Darf das (Fehl)Verhalten eines Schülers mit in seine Bewertung einfließen?

Antwort: Nein, grundsätzlich stellt das Verhalten eines Schülers keine Einflussgröße auf die Note dar. Ein Schüler, der „befriedigende" bis „ausreichende" Leistungen erbringt, darf nicht deshalb im Zeugnis mit „mangelhaft" bewertet werden, weil er im Unterricht hin und wieder stört.

Beurteilung

Frage: Eine Schülerin kann machen, was sie möchte. Es ist immer richtig. Andere sind immer die Doofen. Ist das ok? Wir haben auch das Gefühl, daß die Beliebtheit Maßstab für die Bewertung ist.

Antwort: Nein, ein Lehrer ist gehalten, alle Schüler gleich (gut oder schlecht) zu behandeln. Es gilt der Gleichheitsgrundsatz Artikel 3 des Grundgesetzes. Dagegen darf er nicht verstoßen! Die Frage, wie gut die zwischenmenschliche Ebene funktioniert, darf nichts damit zu tun haben, wie die Leistungsbewertung vorgenommen wird.

Beweis

Frage: Wie soll ich beweisen, was in den Stunden passiert? Ich bin doch nicht dabei.

Antwort: Das Problem der Beweislast stellt sich immer wieder. Natürlich sind Eltern in einer schlechteren Ausgangslage, weil sie sich auf die Angaben ihres Kindes verlassen müssen. Letztlich kann dann die Aussage des Schülers gegen die Aussage des Lehrers stehen. In diesen Fällen geht die Tendenz dahin, einem Schüler weniger zu glauben als einem Lehrer.

In aller Regel macht es Sinn, sich bei Mitschülern und anderen Eltern zu erkundigen, wenn ein konkreter Verdacht vorliegt.

Aus der Gesamtschau der Angaben läßt sich – meistens – ein einigermaßen verlässliches Bild der Vorfälle zeichnen.

Beweisführung

Frage: Was gilt, wenn ein Schüler die ihm vorgeworfene Tat bestreitet?

Antwort: Die Schule ist selbstverständlich verpflichtet, den zugrundeliegenden Sachverhalt vollständig aufzuklären, d.h. Zeugen zu vernehmen, die beteiligten Schüler zu befragen und alles zu veranlassen, was der Aufklärung zuträglich sein kann.

Weiterhin erforderlich ist, daß die Schule ihrer Dokumentationspflicht nachkommt und alle Vernehmungen, Befragungen und eingeleiteten Maßnahmen nachvollziehbar und vollständig dokumentiert.

Nur wenn all diese Voraussetzungen erfüllt sind, kann eine Ordnungsmaßnahme verhängt werden, weil ein ausreichend ermittelter Sachverhalt zugrunde liegt.

Bestehen darüber hinaus ausreichend Anhaltspunkte dafür, daß der der Tat beschuldigte Schüler beispielsweise nicht ausreichend angehört oder ihm nicht in der erforderlichen Weise Gelegenheit zur Stellungnahme gegeben wurde, empfiehlt sich wiederum die Erhebung eines Widerspruchs.

Häufig gestellte Fragen 143

Einsicht in Schulakte

Frage: Die Schule verweigert die Herausgabe der Schulakte. Darf sie das?

Antwort: Nein! Eltern und Schüler sind berechtigt, die Schulakte einzusehen und Kopien ggf. gegen Kostenerstattung anfertigen zu lassen. Wird dieses Recht verwehrt, sollte man sich mit der zuständigen Schulbehörde in Verbindung setzten. In der Regel ist dann die Einsichtnahme sehr zügig möglich.

Dienstaufsichtsbeschwerde

Frage: Was ist eine Dienstaufsichtsbeschwerde?

Antwort: Mit einer Dienstaufsichtsbeschwerde machen Sie geltend, daß beispielsweise einem Lehrer ein persönliches Fehlverhalten vorzuwerfen ist.

Dies kann z.B. darin bestehen, daß er verbal oder körperlich einen Schüler attackiert hat. Diese kommt aber auch dann in Betracht, wenn beispielsweise seitens der Schulleitung Mißstände in der Schule wissentlich toleriert worden sind.

Ob eine Dienstaufsichtsbeschwerde erhoben wird, ist selbstverständlich eine persönliche Frage. Wichtig ist allerdings dabei, zu wissen, daß es sich durchaus um ein "scharfes Schwert" handelt, das man nur sehr gezielt einsetzen sollte.

Vielfach helfen vorab auch klärende persönliche Gespräche, um Missverständnisse aus der Welt zu schaffen. Je gewichtiger die Vorwürfe sind, um so eher wird diese in der Sache erfolgreich sein.

Dyskalkulie

Frage: Was versteht man unter Dyskalkulie?

Antwort: dabei handelt es sich um eine ausgeprägte Rechenschwäche, also um eine Lernstörung im Bereich der Mathematik. Dabei haben Schüler in der Regel große Probleme, mathematische Zusammenhänge zu erfassen. Auch häufiges Üben führt nicht zu einer Senkung der Fehler.

Es gibt speziell ausgebildete Therapeuten, die langfristig eine gezielte Förderung und Unterstützung anbieten können.

Gespräche

Frage: Was tun, wenn ein Lehrer nie Zeit für ein persönliches Gespräch hat?

Antwort: Grundsätzlich sollte man wissen, daß Elterngespräche zu den Aufgaben eines Lehrers gehören. Es mag sein, daß der Einzelne nicht übermäßige Lust verspürt, sich mit den Eltern seiner Schüler zu unterhalten. Dies ändert jedoch nichts an seiner Verpflichtung hierzu.

Aus anwaltlicher Sicht kann dazu geraten werden, hartnäckig zu bleiben. Lassen Sie sich nicht abwimmeln!

Wenn alle Versuche erfolglos bleiben, wenden Sie sich am besten direkt an die Schulleitung.

Inhalt Schulakte

Frage: Was steht in der Schulakte meines Kindes?

Antwort: Neben einem Datenbogen, u.a. auch mit Telefonnummern der Eltern für Notfälle etc., findet sich in der Regel ein Konvolut von Zeugnissen und Unterlagen über verhängte Ordnungsmaßnahmen. Zum Teil finden sich auch Konferenzprotokolle oder Protokolle über Gespräche mit Eltern.

Klassenarbeit

Frage: Muß ein Lehrer Klassenarbeiten zurückgeben?

Antwort: Lehrer sind verpflichtet, geschriebene Klassenarbeiten zu korrigieren, zu benoten und zurückzugeben. Sie können dieses nicht davon abhängig machen, daß zuvor irgendwelche Bedingungen erfüllt werden. So ist beispielsweise unzulässig die Rückgabe einer Klassenarbeit davon abhängig zu machen, daß ein Schüler bestimmte Hausaufgaben erbringt.

Häufig gestellte Fragen 145

Krankheit

Frage: Meine Tochter ist schwer erkrankt und hat krankheitsbedingt einen Großteil des Schuljahres im Krankenhaus verbracht. Gibt es für erkrankte Schüler spezielle Regelungen?

Antwort: Zum einen gibt es in fast allen Schulgesetzen die Möglichkeit, eine Ausnahmegenehmigung für eine Versetzung auf Grund eines Härtefalls zu erteilen. Weiterhin gibt es die " Empfehlungen zum Förderschwerpunkt Unterricht kranker Schülerinnen und Schüler" - Beschluß der Kultusministerkonferenz vom 20. 3. 1998.

Dort wird im Wesentlichen festgelegt, daß Schüler besonderen pädagogischen Förderbedarf haben, wenn sie langandauernd oder wiederkehrend erkrankt sind. Da sie im Unterricht ohne besondere pädagogische Hilfen nicht hinreichend gefordert werden können, sind für diese Schüler besondere Maßnahmen zu treffen.

Nur wenn die Dauer der Teilnahme am Unterricht eine Beurteilung zuläßt, auch wird ein entsprechender Nachweis an den für die ab Ausgabe von Zeugnissen festlegten Termine erteilt.

Weiterhin gibt es in vielen Bundesländern sogenannte staatliche Schulen für Kranke, die beispielsweise in Kliniken eingerichtet werden.

Krankheit während einer Klausur

Frage: Was tun, wenn man mit einer Klausur überhaupt nicht zurechtkommt?

Antwort: Ist die Situation aussichts- und hoffnungslos. Es kann nur dazu geraten werden, die Prüfung zu verlassen und sofort einen Arzt, ggf. einen Amtsarzt, aufzusuchen und sich die gesundheitlichen Beeinträchtigungen attestieren zu lassen.

Da die Klausur dann nicht gewertet werden kann, besteht die Möglichkeit eines zweiten Versuchs.

Nachsitzen

Frage: Darf ein Lehrer einen Schüler nachsitzen lasen?

Antwort: Theoretisch ist das Nachsitzen eine zulässige Sanktionsmöglichkeit; allerdings muß es im angemessenen Verhältnis zum Fehlverhalten stehen. Für ein einmaliges Vergessen der Hausaufgaben ist es sicherlich sehr hart. Bei Minderjährigen sollte es außerdem mit den Eltern abgesprochen sein.

Notenspiegel

Frage: Mein Sohn kam heute wieder einmal mit einer 6 in Mathe nach Hause. Wie mir der Klassenspiegel (nicht zum ersten Mal) zeigte, hatte 2/3 der Klasse Noten im Bereich 5 - 6 und nur drei von 26 Schülern hatten eine 2 oder 3. Gibt es eine Bestimmung, die besagt, ob in so einem Fall eine Wiederholung der Klassenarbeit gefordert werden kann?

Antwort: Grundsätzlich sollen Klassenarbeiten, bei denen mehr als 1/3 der Schüler eine schlechtere Note als vier erhalten haben, wiederholt oder nicht gewertet werden. In der Regel ist dies aber nicht zwingend und hängt auch von der Schule und deren Leitung ab. Wenn Sie von wiederholten Vorfällen berichten, sollten Sie auf jeden Fall den Klassenlehrer und die Schulleitung informieren. Bei den von Ihnen geschilderten Vorfällen handelt es sich wohl nicht mehr um reine "Ausrutscher", die immer wieder vorkommen können. Wenn Sie überall auf taube Ohren stoßen sollten, wenden Sie sich an die Schulbehörde.

Ohrfeige

Frage: Mein Sohn ist von seinem Klassenlehrer geohrfeigt worden. Zwar bestreitet dieser die Tat, allerdings bestätigen viele andere Schüler, daß mein Sohn körperlich gezüchtigt wurde.

Antwort: Lehrern ist grundsätzlich untersagt, Schüler körperlich zu züchtigen. In vielen Schulgesetzten ist dies auch ausdrücklich so normiert.

Da Lehrer mit einer Ohrfeige sich einer Körperverletzung strafbar machen, sollte die Schulleitung und ggf. auch die Schulbehörde informiert werden. Desweiteren besteht die Möglichkeit, auch strafrechtliche Schritte einzuleiten.

Häufig gestellte Fragen 147

Post von der Schule

Frage: Was müssen Schreiben der Schule an Eltern enthalten, wenn Eltern sie unterschreiben sollen?

Antwort: Manche Lehrer wollen mit der Unterschrift sicherstellen, daß Eltern auch tatsächlich Kenntnis von z.B. Regelverstößen bekommen.

Eltern sind jedoch berechtigt, sich erklären zu lassen, was vorgefallen ist. So reichen pauschale Angaben, etwa, daß ein Schüler mehrere Regeln missachtet hat, nicht aus. Erforderlich ist vielmehr, daß – zumindest auf Nachfrage – dargelegt wird, wann was vorgefallen ist. Allgemeine Angaben – nach dem Motto „wie immer" reichen dafür nicht aus.

Weiterhin sollten solche Mitteilungen auch zeitnah den Eltern zugänglich gemacht werden. Was vor mehreren Monaten vorgefallen ist, läßt sich schließlich im Nachhinein häufig nicht mehr feststellen.

Je schwerer die gegen den Schüler erhobenen Vorwürfe sind, desto größer sind die Anforderungen, die an die Begründung einer Maßnahme und die zutreffende Sachverhaltsermittlung zu stellen sind.

Rechtsschutz gegen Nichtversetzung

Frage: Wie kann ich mich gegen die Nichtversetzung wehren?

Antwort: Zunächst besteht die Möglichkeit, gegen den Konferenzbeschluß und die damit verbundenen Noten sowie die Entscheidung, daß das Schuljahr wiederholt werden muß, Widerspruch einzulegen. Dabei muß dargelegt werden, daß der dem einzelnen Lehrer eingeräumte Beurteilungsspielraum fehlerhaft genutzt wurde.

Dabei sollte man wissen, daß Lehrkräfte bei der Benotung einen Spielraum genießen, der nur eingeschränkt überprüfbar ist. Es kann nur überprüft werden, ob wesentliche Verfahrensvorschriften verletzt wurden, von unzutreffenden Tatsachen ausgegangen wurde oder allgemein anerkannte Bewertungsmaßstäbe missachtet worden sind. Des Weiteren kann auch eine Überprüfung dahingehend erfolgen, ob sachfremde Erwägungen mit eingeflossen sind.

Ein Verfahrensfehler kommt beispielsweise dann in Betracht, wenn die Schule ihre Informationspflicht verletzt hat. Dies kann beispielsweise

dadurch geschehen, daß keine Versetzungswarnung ausgesprochen oder ansonsten eine Überraschungsentscheidung gefällt wurde.

In einem Widerspruchsverfahren kann weiterhin geltend gemacht werden, daß die Voraussetzungen für die Erteilung einer Ausnahmegenehmigung vorliegen. Dies kommt immer dann in Betracht wenn, je nach Bundesland, der Schüler in seiner erfolgreichen Mitarbeit durch längere Krankheit oder andere schwerwiegende Belastung erheblich beeinträchtigt war, und aufgrund seiner Lern- und Leistungsermittlung zu erwarten ist, daß er ohne diese Belastung wird erfolgreich mitarbeiten können.

Als andere schwerwiegende Belastungen können beispielsweise der Tod eines nahen Angehörigen, die Scheidung der Eltern oder ähnliches vorgebracht werden. In Betracht kommt auch die eigene Krankheit des Schülers oder die eines nahen Angehörigen.

Enthält das Zeugnis eine Rechtsbehelfsbelehrung, so ist die Frist, die dabei genannt wird, in der Regel ein Monat, unbedingt einzuhalten. Fehlt eine solche Widerspruchsfrist, greift Paragraph 58 Absatz 2 VwGO, so daß ein Jahr lang der Widerspruch erhoben werden kann.

In der Regel empfiehlt sich allerdings eine zeitnahe Einlegung, um die Beweissituation zu erleichtern.

Man sollte wissen, daß ein erfolgloses Widerspruchsverfahren in aller Regel gebührenpflichtig ist.

Allgemeine Aussagen in Hinblick auf die Erfolgsaussichten sind naturgemäß schwierig; es läßt sich allerdings sagen, daß der Konferenzbeschluß immer dann erfolgreich angegriffen werden kann, wenn die Voraussetzungen für die Erteilung einer Ausnahmegenehmigung vorgelegen haben.

Schwieriger ist es in aller Regel, die Notenentscheidung im Einzelnen wegen des dem Lehrer eingeräumten Beurteilungsspielraumes erfolgreich anzugreifen.

Sexuelle Belästigung

Frage: Ich werde von meinem Deutschlehrer sexuell belästigt. Obwohl es in der Vergangenheit ähnliche Vorfälle gab, versuchen Schulleitung und Vertrauenslehrer, alles zu ignorieren.

Häufig gestellte Fragen 149

Antwort: Wenn von Seiten der Schule keinerlei Hilfestellung kommt, bietet sich eine Dienstaufsichtsbeschwerde gegen den betroffenen Lehrer an.

Ob darüber hinaus eine Anzeige bei der Polizei, die Anträge im einstweiligen Rechtsschutz etc. erforderlich werden, hängt vom Einzelfall ab.

Toiletten

Frage: Hat ein Schulleiter das Recht dazu, auf Grund von Beschmierungen der Toiletten, alle sanitären Einrichtungen für Jungen eines Schulgebäudes als "disziplinarische Maßnahme" zu sperren? Hierbei ist zu bemerken, daß die betroffene Schule noch über drei weitere Häuser verfügt mit geöffneten Toiletten. Dennoch entstehen organisatorische Probleme, unter anderem bei Klausuren im betroffenen Haus. Da meine Kenntnisse auf diesem Gebiet sehr gering sind, wäre ich sehr dankbar, wenn sie mir bezüglich der erläuterten Thematik mit einer Auskunft behilflich sein könnten.

Antwort: Im Grundsatz ist die von Ihnen beschriebene Maßnahme zulässig; der Schulleiter ist auch zuständig.

Einschränkungen sind jedoch wie folgt zu machen:

Zum einen darf es sich nur um eine Übergangslösung handeln, da die von Ihnen beschriebenen Probleme, vor allem bei Klausuren, ja auf Dauer nicht haltbar sind.

Zum anderen ist die Frage, wie stark die Verschmutzungen sind, da für jede Maßnahme der Verhältnismäßigkeitsgrundsatz zu beachten ist. Eine Anordnung muß also geeignet, erforderlich und das mildeste Mittel sein. Aus der Ferne kann ich zu den Verschmutzungen und deren Grad natürlich nichts sagen.

Drittens müssen sich die Beeinträchtigungen bei Klausuren im Rahmen halten. Nicht hinnehmbar sind sicherlich Zeitverluste von mehr als 5 Minuten während einer Klausur, um das Gebäude zu wechseln. Sollte dies so sein, rate ich dringend zu einem Gespräch mit der Schulleitung und bei der Klausur mit dem entsprechenden Lehrer, um eine Verlängerung der Bearbeitungszeit zu erreichen.

Tätlichkeiten von Lehrern

Frage: Uns plagt derzeit ein Problem. Die Schulleiterin der Grundschule ist in der 1. Klasse gegen mehrere Kinder handgreiflich geworden.

Kinder wurden in die Seite geboxt, gekniffen, mit einem schweren Buch mehrmals auf den Kopf geschlagen, am Arm durch die Klasse gezerrt, an den Schultern gepackt und geschüttelt worden etc.. All dies geschah in einer einzigen Englisch-Stunde.

Ich fand mein Kind völlig aufgelöst und ohne Jacke auf dem Parkplatz der Schule. "Ich bin nur schnell weggelaufen" berichtete sie. "Frau X hat mich geschlagen, und die anderen auch!"

Wir haben sofort bei der Polizei Strafantrag gestellt - das war Montag.

Dann haben wir den Oberschulrat per Fax informiert - das war Dienstag.

Bisher ist noch nichts geschehen und der Schulrat hat uns einen Gesprächstermin in zwei Wochen angeboten.

Wir haben Angst um unsere Kinder. Wenn sich ein Pädagoge derartig aufführt, ist Schlimmeres zu befürchten, oder sehe ich das so falsch?

Unsere Tochter wurde aufgrund ihrer Angst von der Kinderärztin für diese Woche krankgeschrieben.

Antwort: Zunächst bin ich der Meinung, Sie sollten Ihre Tochter in der Tat bis zur Klärung der Vorfälle zu Hause lassen. Sie ist nach diesen Vorfällen wahrscheinlich auch körperlich angeschlagen. Das wird auch jeder Kinderarzt verstehen.

Zum anderen rate ich Ihnen, beim Schulrat mit einer Dienstaufsichtsbeschwerde gegen die betreffende Lehrerin und seine Person zu drohen und ggf. auch zu stellen. Die Lehrerin sollte umgehend vom Dienst frei gestellt werden. Es ist nicht zu verantworten, daß sie weiter unterrichtet.

In die Dienstaufsichtsbeschwerde sollten Sie noch schreiben, daß Sie die Freistellung bis zur Klärung der Vorwürfe vom Dienst beantragen.

Häufig gestellte Fragen 151

Urlaub

Frage: Habe ich Anspruch darauf, daß mein Kind außerhalb der Ferien beurlaubt wird?

Antwort: Eltern und Schüler haben grundsätzlich keinen Anspruch darauf, außerhalb der gesetzlich festgelegten Ferientermine Urlaub zu bekommen. Ausnahmen gelten jedoch für bestimmte religiöse Feiern, sportliche Aktivitäten, Arzttermine etc..

Die weit verbreitete Praxis, etwa aus Kostengründen grundsätzlich einige Tage vor Beginn der Ferien zu verreisen, wird von einigen Schulen zunehmend kritisch gesehen und unterbunden.

Versetzung im Ausnahmewege

Frage: Gibt es Möglichkeiten, eine Versetzung im Ausnahmewege zu erreichen?

Antwort: Diese Fragen werden in den Schulgesetzen der Länder unterschiedlich behandelt.

Grundsätzlich kann eine Ausnahmegenehmigung erteilt werden, wenn der Schüler aufgrund Krankheit oder anderer, schwerwiegender Belastungen in der erfolgreichen Mitarbeit beeinträchtigt war. Weiterhin muß zu erwarten sein, daß er nach der Wiederholung das Ziel der Klassenstufe erreichen wird.

Als Belastung kommt beispielsweise auch ein Todesfall oder eine schwere Erkrankung in der Familie, u.U. auch die Scheidung der Eltern oder ähnliche Ereignisse in Betracht, die so schwerwiegend sind, daß ein Schüler seinen schulischen Anforderungen nicht mehr gerecht werden kann.

Widerspruchsverfahren

Frage: Wie lange dauert ein Widerspruchsverfahren?

Antwort: Allgemeine Zeitangaben sind in diesem Bereich sehr schwierig; man sollte sich aber in jedem Fall auf mehrere Monate einrichten.

Erfahrungsgemäß haben Widerspruchsverfahren in den Behörden keine besonders hohe Priorität, so daß sich die Verfahren leider immer wieder lange hinziehen.

Wunschschule

Frage: Was ist zu tun, wenn das Kind nicht an der gewünschten Schule aufgenommen wurde?

Antwort: Grundsätzlich bietet sich die Durchführung des Widerspruchsverfahrens an.

In der Regel werden die ablehnenden Bescheide nur mit einem Standardschreiben versehen, dessen einziger individueller Gesichtspunkt die Adresse des Empfängers ist.

Damit ist bereits ein erster Angriffspunkt gegeben.

Weiterhin sollte genau dargestellt werden, warum die gewünschte Schule für den Schüler und seine Familie eine so große Bedeutung hat; dies kann beispielsweise die Nähe zur Tagesmutter, die Erreichbarkeit allgemein o.ä. sein. Es sollte auch versucht werden, gewachsene Strukturen, beispielsweise aus dem Kindergarten nicht zu zerstören. Daher werden solche Gruppen normalerweise nicht getrennt.

Sinnvoll kann es weiterhin sein, Atteste von behandelnden Ärzten beizufügen, wenn diese sich ebenfalls für eine bestimmte Schule aussprechen.

Bei bestimmten Berufsgruppen, beispielsweise Pastoren, gibt es Gründe, warum die Kinder eine bestimmte Schule besuchen sollen. Diese Gesichtspunkte sollten ebenfalls vorgebracht werden.

Wie groß die Erfolgsaussichten in diesen Verfahren sind, wird maßgeblich davon abhängen, wie das Verhältnis von Anmeldungen zu verfügbaren Plätzen aussieht.

Kapitel 19 - Ausblick

Diese Abhandlung sollte dazu dienen, Rechte und Pflichten der am Schulverhältnis Beteiligten aufzuzeigen. Daneben sollten häufige Mißverständnisse aufgeklärt und Antworten auf aktuelle Fragen gefunden werden. Natürlich war es nicht möglich, explizit auf alle Einzelfragen einzugehen; diese müssen einer individuellen Beratung vorbehalten bleiben.

Sein Ziel hat dieses Werk erreicht, wenn es dazu beitragen konnte, daß Eltern ihre Rechte und die ihrer Kinder realistisch einschätzen können, um diese dann auch selbstbewusst wahrzunehmen. Es geht gerade nicht darum, die gesamte Berufsgruppe der Lehrer pauschal zu diffamieren, sondern Eltern das Wissen zu vermitteln, das sie benötigen, um sich im Einzelfall erfolgreich wehren zu können - auch mit gerichtlicher Hilfe.

Es bleibt zu hoffen, daß dieses Werk Eltern und Schüler zu einem besseren Verständnis ihrer Rechte verholfen hat und einen Beitrag zu einer fruchtbaren und kritischen Diskussion geben konnte.

Kapitel 20 - Anlauf- und Beratungsstellen

Elternbeiräte

Dieser Serviceteil befindet sich auf dem Stand von Januar 2005 (Quelle Bundeselternbeirat).

Bundeselternrat
Geschäftsstelle des Bundeselternrates

BundesElternRat
Albert-Buchmannstraße 15
16515 Oranienburg
Vorsitzender des BER:
Wilfried Steinert
Mitarbeiterin der Ge-
schäftsstelle:

Dietlind Kramm

Tel. 03301 5755-37 und -38
Fax 03301 5755-39

E-Mail:
bundeselternrat@gmx.de
bundeselternrat@lo-net.de

Baden-Württemberg
LEB Baden-Württemberg

(Elke Picker)

Alexanderstr. 81

70182 Stuttgart

T: 0711 7410-94,

F: 0711 7410-96

leb.bw@t-online.de

http://www.leb-bw.de/

Bayern
Bayerischer Elternverband e.V.

(Ursula Walther)

Aussiger Straße 23

91207 Lauf

T: 09123 24427

F: 09123 74427

bev.bay@t-online.de

LEV der bayerischen Realschulen e.V.

(Anton Lang)
Eichenstraße 15
86438 Kissing

T: 08233 8473-55,
F: 08233 8473-56
webmaster@lev-rs.de
http://www.lev-rs.de/

LEV der Gymnasien in Bayern e.V.

(Dr. Manfred Scherzer)
Montgelasstr. 2/II
81679 München

T: 089 989382
F: 089 9829674
info@lev-gym-bayern.de
http://www.lev-gym-bayern.de/

LEV der öffentlichen Wirtschaftsschulen in Bayern e.V.

(Jürgen Maul)
Hauptstraße 130
97616 Bad Neustadt/S.

T: 09771 98843
dtsaj@gmx.de

Berlin
Landeselternausschuss Berlin

(André Schindler)
Beuthstraße 6-8
10117 Berlin

T: 030 90265-684
F: 030 90265-012-5001
lschulb@sensjs.verwalt-berlin.de

Brandenburg
LER Brandenburg

(Petra Brückner)
Ringstraße 16
14979 Großbeeren

T: N.N.
F: N.N:
pbbrueckner@arcor.de

Anlauf- und Beratungsstellen

Bremen

Zentralelternbeirat Bremen

(Karin Kiese)
Birkenstraße 34
28195 Bremen

T: 0421 3618274

F: 0421 36189423

office.zeb@pop.bremen.de

Zentralelternbeirat Bremerhaven

(Katherine Bird)
Friedrich-Ebert-Str. 10
27570 Bremerhaven

T + F: 0471 3916243

zeb.brhv@nord-com.net

Hamburg

Elternkammer Hamburg

(Holger Gisch)
Hamburger Str. 31
22083 Hamburg

T: 040 4286-33527

F: 040 4286-34706

info@Elternkammer-hamburg.de

http://www.elternkammer-hamburg.de/

Hessen

Landeselternbeirat Hessen

(Sibylle Goldacker)
Idsteiner Str. 47
60326 Frankfurt

T: 069 758917-0

F: 069 758917-10

leb@leb-hessen.de

http://www.leb-hessen.de

Mecklenburg-Vorpommern

LER Mecklenburg-Vorpommern

(Annegrit Schulz)	T: 038323 711-97
Bärbel Hempel	F: 038323 711-99
Bisdorfer Weg 17	ler.mv@t-online.de
18445 Hohendorf	www.bildung-mv.de/ler-mv

Niedersachsen

Landeselternrat Niedersachsen

(Hans-Jürgen Vogel)	T: 0511 315983/-28
Königstr. 19	F: 0511 344607
	poststelle@ler.niedersachsen.de
	http://www.landeselternrat.niedersachsen.de/

Gastmitglied

Verband der Elternräte der Gymnnasien Niedersachsens

(Christiane Brunk)	T: 0511 7558-43
Brandensteinstr. 53	F: 0511 7558-55
30519 Hannover	maassenhannover@t-online.de

Nordrhein-Westfalen

Landeselternschaft Grundschulen NRW e.V.

(Martin Depenbrock)	T: 0234 5882545
Birgit Völxen	info@landeselternschaft-nrw.de
Keilstraße 37	landeselternschaft-grundschule.de
44879 Bochum	

Anlauf- und Beratungsstellen 159

Landeselternschaft der Realschulen in NRW e.V.

André Ruhl
Niederrheinstr. 41
40474 Düsseldorf

T: 0211 5868907,

F: 0211 5868908

geschaeftsstelle@le-rs-nrw.de
http://www.le-rs-nw.de/

Elternrat Hauptschulen NRW e.V.

(Manfred Pollmann)
Eichenstr. 9 a
47665 Sonsbeck

T: 02838 2869

F: 02838 910864

manfred.pollmann-sonsbeck@t-online.de

Elternverband Sonderschulen NRW e.V.

(Jutta Brodowski)
Lernen Fördern NRW e.V.
Hans-Georg Kalbhenn
Wilhelm-Kern-Platz 4
32339 Espelkamp

T: 05772 4259

F: 05772 29698

lernen-foerdern-nrw@gmx.de

Landeselternschaft der Realschulen in NRW e.V.

(André Ruhl)
Postfach 1344
42480 Wülfrath

T: 0180 5005408

F: 0180 5623

info@le-rs-nw.de
http://www.le-rs-nw.de/

Landeselternschaft d. Gymnasien NRW e.V.

(Hannelore Kirchhoff)
Karlstr. 14
40210 Düsseldorf

T: 0211 1711883

F: 0211 1752527

mailto:info@le-gymnasien-nrw.de
http://www.le-gymnasien-nrw.de/

Landeselternrat der Gesamtschulen NRW e.V.

(Karin Görtz-Brose)
Eichengrund 15
33106 Paderborn

T + F: 05254 957186
ler.nrw@t-online.de
http://www.landeselternrat.de/

Rheinland-Pfalz
LEB Rheinland-Pfalz

(Dieter Dornbusch)
Wallstraße 3
55122 Mainz

T: 06131 1629-26/-28
F: 06131 1629-27
leb@mbfj.rlp.de
leb.bildung-rp.de

Saarland
Gesamtlandeselternvertretung des Saarlandes

(Sabine Ertz)
Hohenzollernstr. 60
66117 Saarbrücken

T: 0681 501-7241
F: 0681 501-7550
s.gabrysch@bildung.saarland.de
http://www.elternvertretung-glevsaar.de/

Sachsen
Landeselternrat Sachsen

(Gisela Grüneisen)
Hoyerswerdaer Str. 1
01099 Dresden

T: 0351 56347-32,
F: 0351 56347-33
geschaeftsstelle@ler-sachsen.de
http://www.ler-sachsen.de/

Anlauf- und Beratungsstellen 161

Sachsen-Anhalt
Landeselternrat Sachsen-Anhalt

(Kurt Neumann)
Editharing 2
39108 Magdeburg

T: 0391 622-1160
F: 0391 622-9470
kontakt@lerlsa.bildung-lsa.de
http://www.lerlsa.bildung-lsa.de/

Schleswig-Holstein
LEB Schleswig-Holstein

(Hans-Peter Schreiber)
Eitzredder 13
23818 Neuengörs

T: 04550 985895
F: 04550 985895
hans-peterSchreiber@t-online.de

Zu den LEBs der Grund-, Haupt- und Sonderschulen in SH
http://www.elternvertretung-sh.de/

LEB der Realschulen in SH

(Sabine Zymelka)
An der Steinau 6
23896 Nusse

T 04543 7659
F: 04542 843786

LEB der Gymnasien in SH

(Burkhard Ehlers)
Neumühlener Weg 22
25548 Kellinghusen

T 04822 1260
F: 040 - 36137795 d
DuHorst@gmx.de
mailto:Burkhard.Ehlers@See-BG.de

LEB der Gesamtschulen in SH

(Klaus-Dieter Harder)
Hornerkamp 5
21502 Geesthacht

T: 0415 2875066
kdhrz_hardy@yahoo.de

LEB der beruflichen Schulen in SH

(Horst Bürster)
Wallzbüllweg 24
24983 Handewitt

T: 04608 1092
horst-buerster@t-online.de

Thüringen

LEV Thüringen

(Anita Wipprecht, Bernd Sprechert)
Heinrich-Heine-Straße 2
99438 Bad Berka

T: 036458 56-306,
F: 036458 56-129
lev@thillm.thueringen.de

Anlauf- und Beratungsstellen

Kultusministerien

Kultusministerium des Landes Sachsen-Anhalt

http://www.sachsen-anhalt.de/

Referat Presse- und Öffentlichkeitsarbeit

Turmschanzenstraße 32   Tel.: 0391 567 01

39114 Magdeburg   presse@mk.sachsen-anhalt.de

Ministerium für Bildung, Wissenschaft und Kultur

Mecklenburg-Vorpommern

Hausanschrift: Tel.: +49 385 588-0

Werderstraße 124   Fax: +49 385 588-7082

19055 Schwerin   http://www.kultus-mv.de/

                      poststelle@kultus-mv.de

Ministerium für Kultus, Jugend und Sport Baden-Württemberg

Schlossplatz 4   Telefon-Zentrale: 0711 279 -0

70173 Stuttgart   Fax: 0711 279-2810

Bürgerreferentin: http://www.bw.schule.de/

0711 279-2800   poststelle@km.kultusvw.bwl.de

Thüringer Kultusministerium

Werner-Seelenbinder-Straße 7   Telefon: (03 61) 3 79 00

                      Telefax: (03 61) 3 79 46 90

Postfach 10 04 52   http://www.thueringen.de/tkm/

99096 Erfurt   Poststelle: tkm@thueringen.de

Niedersächsisches Kultusministerium

Schiffgraben 12
30159 Hannover

Telefon: (0511) 120-0
Telefax: (0511) 120-7450
http://www.mwk.niedersachsen.de/home/
poststelle@mk.niedersachsen.de

Bayerisches Staatsministerium für Unterricht und Kultus

Hauptgebäude
Salvatorstraße 2
80333 München
Briefanschrift:
80327 München

Tel: 089/2186-0 (Vermittlung)
Fax: 089/2186-2800
http://www.bildungsoffensive-bayern.de/km/index.shtml

Ministerium für Bildung, Wissenschaft, Forschung und Kultur des Landes Schleswig-Holstein

Brunswiker Straße 16 - 22
24105 Kiel

Tel. +49 431 988-5805
Fax +49 431 988-5815
http://www.bildungsministerium.schleswig-holstein.de

Ministerium für Bildung, Kultur und Wissenschaft Saarland

Hohenzollernstr. 60
66117 Saarbrücken

Tel.: +49 681 501-00
Fax: +49 681 501-7550
http://www.bildung.saarland.de/

Anlauf- und Beratungsstellen 165

Ministerium für Bildung, Frauen und Jugend des Landes Rheinland-Pfalz

Mittlere Bleiche 61   Tel.: +49 6131 16-0

55116 Mainz   Fax: +49 6131 16-2878

                            http://www.mbfj.rlp.de

Ministerium für Schule, Jugend und Kinder des Landes Nordrhein-Westfalen

Völklinger Str. 49   Tel. +49 211 896 - 03

40221 Düsseldorf   Fax +49 211 896 - 32 20

                            http://www.bildungsportal.nrw.de

Hessisches Kultusministerium

Luisenplatz 10   Tel.: +49 611 368-0

65185 Wiesbaden   Fax: +49 611 368-2099

                            poststelle@hkm.hessen.de

                            http://www.bildung.hessen.de/anbieter/

                            km/index.htm

                            http://www.kultusministerium.hessen.de

---

Ministerium für Wissenschaft, Forschung und Kultur des Landes Brandenburg

Dortustraße 36   Tel.: +49 331 866-0

14467 Potsdam   Fax: +49 331

                           http://www.brandenburg.de/land/mwfk

Der Senator für Bildung und Wissenschaft der Freien Hansestadt Bremen

Rembertiring 8 - 12	Tel.: +49 421 361-4786
28195 Bremen	Fax: +49 421 361-15542
	http://www.bremen.de/

Senatsverwaltung für Bildung, Jugend und Sport von Berlin

Beuthstr. 6-8	Tel: 49 30 9026-7
10117 Berlin	Fax: +49 30 9026-5001
	http://www.sensjs.berlin.de/

Behörde für Bildung und Sport der Freien und Hansestadt Hamburg

Hamburger Straße 31	http://fhh.hamburg.de/stadt/Aktuell/behoerden/bildung-sport/start.html
22083 Hamburg	
	Tel.: +49 40 428-630

Sächsisches Staatsministerium für Kultus

Carolaplatz 1	Telefon: (03 51) 5 64-0
01097 Dresden	Telefon: (03 51) 5 64-2513 (Pressesprecher)
Postanschrift:	Telefax: (03 51) 5 64-2886
Postfach 100 910	http://www.sachsen-macht-schule.de/
01079 Dresden	info@smk.sachsen.de

Länderübergreifende Institutionen

Bundesministerium für Bildung und Forschung
Heinemannstraße 2
53170 Bonn

Bund-Länder-Kommission für Bildungsplanung und
Forschungsförderung (BLK)
Friedrich-Ebert-Allee 39
53113 Bonn

Ständige Konferenz der Kultusminister der Länder in der Bundesrepublik
Deutschland (KMK)
Nassestraße 8
53115 Bonn

Bundesländer im Internet

Baden-Württemberg
http://www.baden-wuerttemberg.de/

Bayern
http://www.bayern.de/

Berlin
http://www.berlin.de/

Brandenburg
http://www.brandenburg.de/

Bremen
http://www.bremen.de/

Hamburg
http://www.hamburg.de/

Hessen
http://www.hessen.de/

Mecklenburg-Vorpommern
http://www.mecklenburg-
vorpommern.de/

Niedersachsen
http://www.niedersachsen.de/

Nordrhein-Westfalen
http://www.nrw.de/

Rheinland-Pfalz
http://www.rlp.de/

Saarland
http://www.saarland.de/

Sachsen
http://www.sachsen.de/

Sachsen-Anhalt
http://www.sachsen-anhalt.de/

Schleswig-Holstein
http://www.schleswig-holstein.de/

Thüringen
http://www.thueringen.de/

Kapitel 21 - Literatur

Textsammlungen (allgemein)

Campenhausen, von/Lerche, Deutsches Schulrecht

Sammlung der Beschlüsse der Ständigen Konferenz der Kultusminister der Länder in der Bundesrepublik Deutschland

Textsammlungen (länderspezifisch)

Baden-Württemberg

Seipp/Hochstetter, Schulrecht Baden-Württemberg

Dürig, Gesetze des Landes Baden-Württemberg

Bayern

Seipp/Kessler, Schulrecht Bayern

Ziegler-Tremel, Verwaltungsgesetze des Freistaates Bayern

Novak, Schul- und Schulfinanzierung mit Schulverwaltung

Berlin

Seipp/Werner, Schulrecht Berlin

Krzyweck/Teiche, Das Schulrecht in Berlin

Brandenburg

Knöll, Gesetze des Landes Brandenburg

Bremen

Senator für Bildung und Wissenschaft, Bremer Schulblatt

Hamburg

Behörde für Schule und Berufsausbildung, Verwaltungshandbuch für Schulen

Hessen

Seipp/Bach, Schulrecht Hessen

Viesel/Spreng/Haase, Hessisches Schulgesetz

Mecklenburg-Vorpommern

Knöll, Gesetze des Landes Mecklenburg-Vorpommern

Niedersachsen

Seipp/Wernecke, Schulrecht Niedersachsen

März, Niedersächsische Gesetze

Nordrhein-Westfahlen

Seipp/Haugg, Schulrecht Nordrhein-Westfahlen

Hippel, von/Rehborn, Gesetze des Landes Nordrhein-Westfahlen

Rheinland-Pfalz

Seipp/Schäck, Schulrecht Rheinland-Pfalz

Saarland

Hümmerich-Kopp, Saarländische Gesetze

Lang/Knudsen, Schulrecht Saarland

Sachsen

Knöll/Stober, Gesetze des Freistaates Sachsen

Sächsisches Staatsministerium der Justiz, Sammlung des bereinigten Landesrechts des Freistaates Sachsen

Sachsen-Anhalt

Knöll/Brachmann, Gesetze des Landes Sachsen-Anhalt

Schleswig-Holstein

Seipp/Sellschopp/Jaron, Schulrecht Schleswig-Holstein

Mutius, von, Verfassungs- und Verwaltungsrecht in Schleswig-Holstein

Thüringen

Knöll, Gesetze des Freistaates Thüringen

Ratgeber allgemein

Niehues, Schul- und Prüfungsrecht

Staupe: Das Schulrecht von A-Z

Brenner/Töpper, Meine Rechte in der Schule

Avenarias, Einführung in das Schulrecht

Broos, Welche Schule für mein Kind?

Acker, Ausbildungs- und Prüfungsordnung für die gymnasiale Oberstufe

Ratgeber (länderspezifisch)

Baden-Württemberg

Elser/Kramer, Grundriss des Schulrechts in Baden-Württemberg

Hochstetter/Muser, Schulgesetz für Baden-Württemberg

Holfelder/Bosse, Schulgesetz für Baden-Württemberg

Bayern

Falckenberg, Grundriss des Schulrechts in Bayern

Berlin

Eiselt/Heinrich, Grundriss des Schulrechts in Berlin

Krzyweck/Teiche, Das Schulrecht in Berlin

Bremen

--

Hamburg

--

Hessen

Köller, Hessisches Schulgesetz

Mecklenburg-Vorpommern

--

Niedersachsen

Barth, Grundriss des Schulrechts in Niedersachsen

Nordrhein-Westfalen

Oeynhausen, Rechtshandbuch Schule Nordrhein-Westfalen

Jülich, Grundriss des Schulrechts in Nordrhein-Westfalen

Rheinland-Pfalz

Fernis/Schneider/Hennecke, Landesgesetz über die Schulen in Rheinland-Pfalz

--

Literatur   173

Saarland

--

Sachsen

Niebes/Becher/Pollmann, Schulgesetz und Schulordnungen im Freistaat Sachsen

Sachsen-Anhalt

Reich, Schulgesetz Sachsen-Anhalt

Schleswig-Holstein

Pfautsch/Lorentzen, Grundriss des Schulrechts in Schleswig-Holstein

Thüringen

Assmann, Thüringer Schulrecht

Stichworte 175

Kapitel 22 - Stichwortverzeichnis

A

Abitur 43, 74, 97
Abschlussprüfung 73, 74, 76
Arbeiten 7, 31, 43, 74, 82, 83, 84, 92, 104, 105, 108, 120, 122, 137
Attest 87
Aufsichtspflicht 34, 65, 85

B

Beförderung 31
Bewertung 48, 75, 77, 92, 95, 97, 104, 122, 133
Bildungsweg 42, 43

D

Datenschutz 31, 86

E

Eltern 7, 21, 22, 25, 28, 29, 34, 36, 37, 41, 42, 43, 44, 45, 46, 47, 48, 49, 50, 51, 53, 54, 58, 69, 71, 74, 75, 79, 81, 82, 83, 84, 87, 89, 90, 94, 96, 97, 98, 100, 107, 109, 111, 112, 115, 119, 120, 121, 122, 123, 125, 127, 135, 136, 153
Elternrecht 29, 49, 79, 81, 119, 125
Entschuldigung 87
Ersatzschulen 28, 40, 76, 128
Extraaufgaben 59, 104, 108

F

Feiertage 108
Fremdsprachen 51, 87
Frisur 90

G

Gerichte 54, 76, 78, 79, 97, 122, 125, 126, 127, 128, 129, 130, 131, 133
Gespräch 42, 65, 95, 115, 116, 117, 119, 120, 121, 122, 123
Gestaltungsfreiheit 35
Glauben 59, 60, 115
Gleichheitsgebot 59
Gremien 44, 81
Grundgesetz 25, 26, 27, 28, 30, 49
Grundrechte 25, 28, 35, 51, 54, 87
Grundschule 28, 39, 40, 41, 158
Gymnasium 39, 40, 156, 159, 161

H

Handlungsfreiheit 55, 65, 97
Handy 88
Hauptschule 39, 40, 41, 159
Hitzefrei 89

K

Kaugummi 90
Klassenarbeiten 63, 76, 78, 90, 91, 95, 104, 122
Klassenbuch 65, 86, 90
Klassenfahrten 31, 32, 34, 65, 121, 122
Klassengröße 31
Klassenkonferenz 44, 74
Kleidung 23, 90, 91, 103
Klingelzeichen 91
Kopftuch 25, 91
Kulturhoheit 26
Kultusministerkonferenz 23, 26, 97

L

Landeselternbeirat 81, 157
Lehrer 21, 22, 23, 26, 27, 30, 34, 36, 43, 44, 45, 46, 48, 49, 50, 56, 57,
    58, 61, 62, 64, 65, 69, 70, 74, 80, 82, 83, 87, 88, 89, 90, 92, 94, 95,

Stichworte 177

96, 97, 98, 99, 100, 102, 107, 111, 112, 115, 116, 117, 119, 120, 121, 122, 123, 135, 136, 153

Lehrpläne 26, 27, 31, 48, 69, 93, 100, 122

Leistung 62, 74, 93, 96, 100, 131, 135

Leistungsbewertung 31, 62, 76, 93, 96, 117, 130

Leistungsbewertungen 31, 62, 76, 93, 96, 117, 130

M

Meinungsfreiheit 23, 56, 57, 58

Mitarbeit 51, 62, 69, 95, 108, 117

Mitbestimmung 22, 50

N

Nachhilfe 43, 74, 120, 135, 136, 137

Nachhilfeinstitute 135, 136

Notengebung 48, 95, 100, 112

Notentransparenz 96

O

Ordnungsmaßnahmen 44, 61, 62, 63, 64, 65, 66, 67

Ozonbelastung 31, 96

P

Parteipolitik 96

Pflichtschule 26, 108

Prüfer 77, 131

Prüfungsentscheidungen 73, 74, 77, 78

Prüfungsrecht 73, 76

R

Rauchen 55, 97

Realschule 39, 40, 41, 42, 156, 159, 161

Rechtsbehelfe 111, 112, 113

Rechtsmittel 113

Religion 57, 98, 105
Religionsunterricht 29, 87, 98

S

Schneefrei 89

Schularten 30, 39, 40, 41, 50, 69

Schulaufsicht 27

Schulbus 31, 108

Schule 7, 21, 22, 25, 26, 27, 28, 29, 30, 31, 32, 33, 34, 35, 36, 37, 39,
40, 41, 42, 43, 44, 45, 47, 48, 49, 50, 51, 53, 54, 55, 56, 57, 58, 59,
61, 62, 63, 64, 67, 69, 70, 71, 73, 74, 76, 77, 78, 81, 82, 83, 84, 85,
86, 87, 88, 90, 91, 92, 96, 97, 98, 99, 100, 101, 102, 103, 104, 105,
107, 108, 111, 119, 121, 128, 130, 133, 162, 165

Schülervertretung 30, 31, 50, 107

Schülerzeitungen 57, 98

Schulgebäude 55, 92, 100

Schulgelände 107

Schulkonferenzen 30, 44, 50, 81, 88, 95, 97

Schulleiter 27, 44, 86, 98, 99, 100

Schulorganisation 26, 35

Schulpflicht 33, 40, 53, 54, 66, 67, 98, 99, 100, 107

Schulstufen 39, 69

Schulträger 27, 36, 47, 94, 101, 102, 109

Schultypen 40

Schuluniform 103

Schulverhältnis 21, 28, 32, 47, 48, 59, 67, 79, 153

Schwänzen 99

Sexualerziehung 70, 71

Spende 100, 101

Sponsoring 100, 101

Sport 163, 166

Sportunterricht 31, 60, 86, 96

Strafarbeiten 104

Strafe 64

Stichworte   *179*

T

Täuschungsversuch 105
Tests 73, 90, 105, 106, 136

U

Unterricht 25, 26, 27, 36, 37, 44, 46, 53, 54, 56, 59, 60, 61, 63, 64, 69,
    71, 72, 86, 87, 88, 89, 90, 91, 95, 98, 99, 101, 104, 107, 108, 115,
    117, 122, 130, 164
Unterrichtsbefreiung 105, 107
Unterrichtsgestaltung 46, 69, 72, 108, 122, 130
Unterrichtsplanung 48
Unterrichtsstunde 31, 65, 91, 99
Urlaub 107

V

Versammlungsfreiheit 58
Vertrauenslehrer 95, 107

W

Wahlschulen 40
Wandertage 31, 34, 88
Wochenende 108